U0955407

经济日报记者丛书

国际经济观察

连俊 著

经济日报出版社

做党和人民信赖的合格新闻工作者

“做党的政策主张的传播者、时代风云的记录者、社会进步的推动者、公平正义的守望者。”这是习近平总书记在党的新闻舆论工作座谈会上，对广大新闻舆论工作者提出的明确要求和殷切期望。

经济日报创刊40年来，在风云激荡中引领思想，在众声喧哗中回应民意，忠实记录了中国改革开放波澜壮阔的光辉历程，见证了经济跨越、社会进步和国家富强，谱写出无愧于时代的华彩篇章。

与时代同步、与人民同行。40年来，经济日报涌现出一大批优秀的党的新闻工作者，他们不忘初心、牢记使命，坚持正确的政治方向、舆论导向、新闻志向和工作取向，在弘扬传统中持续深化改革创新，在改进报道中不断讲好中国故事。

人才是事业发展的根本保证，提升新闻传播力、引导力、影响力、公信力，离不开一支高素质的新闻人才队伍。多年来，经济日报社高度重视人才队伍建设，不断创新人才培养方式方法，持之以恒地为记者成长成才提供平台、创造空间。

近两年，我们为12名青年记者同时开设个人言论专栏，是一次成功的探索和尝试，这在中央党报乃至整个中国新闻界都是不多见的。我们遴选的这批记者拥有多年跑口经验，既具备研究素养，又有大众化传播才华，陆续开设《每周经济观察》《国际经济观察》《忠阳车评》《三农瞭望》《粮食大事》《市场监管》《香江观察》《财金视野》《科创之声》《房地产周评》《能源广角》《文体市场面面观》等12个固定评论专栏。这些专栏具有个人风格和专业特色，其针对社会现象和舆论热点的立场表达，是对编辑部文章、社论、评论员文章等重要评论的补充和延伸，满足了不同类型读者的阅读需求，对于放大主流观点、凸显经济特色起到了独特作用。

目前，经济日报已构建起由编辑部文章、评论员文章、一版“金观平”文章、12名青年记者个人专栏、时评版以及“头条热评”等组成的评论传播矩阵，“评论立报”的格局初步形成，并与“调研兴报”“理论强报”“开门办报”一起，成为推动经济日报高质量发展的工作重点。

媒体融合发展时代，在新闻越来越难以实现“独家”的前提下，立论就是立报之本，要以权威观点、独到视角和理性分析获得优势、占据主导。实践证明，无论媒体生态如何变化，无论传播方式如何迭代，一篇有思想、有温度又兼具良好阅读体验的评论文章，一个集“颜值”“言值”和“研值”于一体的评论专栏，其本身就是闪光、有力且自带流量的。

一批评论专栏能赢得受众、成为品牌，是与专栏记者的努力分不开的，是与同志们悉心培养、全力推动分不开的。

在我看来，尊重才华，尊重个性，给年轻同志开专栏，既是提高报纸质量的重要方式和有力举措，也是培养优秀新闻人才队伍的重要方法和有效途径。报社成就着记者，记者也在成就着报社，二者是共生共荣、一同成长的发展共同体。

总体看，12个个人专栏评论时效性强、热点抓得准，兼具了高度、深度和广度等特点，但也要看到，因为多种因素制约，这些专栏文章还存在不足。差距是潜力也是动力，青年记者要继续在实践中增强“四力”，既要掌握好信息的第一发布权，也要掌握好第一解释权，守好新闻舆论阵地，引导好社会预期。

以笔为犁千秋业，只在承前启后中。习近平总书记指出，“我们这一代人，继承了前人的事业，进行着今天的奋斗，更要开辟明天的道路。”在新时代新征程上，唯有踔厉奋发、笃行不怠，方能成为一名党和人民信赖的合格新闻工作者。

（作者系经济日报社社长兼总编辑）

目 录

Contents

“多数”利益不能被“少数”绑架

8月31日，世界贸易组织（WTO）总干事阿泽维多提前一年正式离任。这是本周最值得关注的国际经济新闻之一。

尽管阿泽维多当天表示，担任世贸组织总干事是“莫大的荣幸”，但这依然掩饰不了提前卸任的无奈：由于一些国家不断阻挠，WTO 正面临多边贸易谈判受阻、争端解决功能部分瘫痪等种种重大挑战。

甚至就在他离任前三天，在 8 月 28 日召开的 WTO 争端解决机制会议上，美国再次反对关于补选世贸组织争端解决机制上诉机构成员（上诉机构法官）空缺席位的建议。难怪有人不无揶揄地评论，尽管 WTO 改革进程艰难，但离任对阿泽维多个人来说似乎并非坏事——支持多边贸易体制的他，总算不用再听单边主义者的聒噪、再看单边主义者的脸色。

然而，改革还要继续，尤其是在全球贸易受到新冠肺炎疫情冲击且严重恶化的局面下，在单边主义、保守主义肆虐的当下，如何重振 WTO 作为以规则为基础的多边贸易体制核心地位，成为 WTO 改革的重中之重。

早在 2018 年，中国在谈到支持对 WTO 做必要改革时，提出了“三个基本原则”和“五点主张”，其中最核心的观点之一便是有关改革应该维护多边贸易体制的主渠道地位。从关贸总协定到 WTO 成立至今，多边贸易体制以规则为基础，强调透明、非歧视、开放和包容，由此推动了全球贸易与投资自由化和便利化进程。

然而，本届美国政府就职以来的种种行为，严重损害了 WTO 的权威性和有效性，无论是阻挠上诉机构成员遴选程序启动，还是滥用世贸规则中的安全例外条款增加关税，又或是滥用不符合世贸组织规则的单边措施以及对现有贸易救济措施的误用和滥用——美方的种种单边主义行为，直接导致 WTO 面临前所未有的生存危机。

对单边主义的选择和滥用，对“某某优先”的强调，总归是自私和短视的表现：以少数人少数国家去绑架多数人多数国家的利益，这种做法怎么能够长久呢？

过去几十年，多边贸易体制为全球贸易发展，为世界经济增长、为可持续发展包括脱贫都作出了重要贡献。当前，各国经济已经紧密联系在一起。面对新形势新挑战，没有哪个国家能够独自应对。同时，历史也已经证明，世贸组织规则是经济全球化的重要制度保障，多边贸易体制是繁荣发展的重要保障，符合各国的共同利益。

因此，对于现行世界贸易体系来说，有效维护多边贸易体制，认真遵守多边规则，是全球经济繁荣发展的根本保证。尤其不能以“少数”利益去绑架挟持“多数”利益。背离历史潮流，终将被历史抛弃。

（刊发于 2020 年 9 月 4 日时评版）

用对抗“保护”数据安全没有出路

最新统计显示，全球移动互联网用户已达到35亿，数字经济规模占全球GDP比重已超过15%。根据世界经济论坛估算，2020年全世界的数据量预计达到44个泽字节（ZB），意味着它将是可观测宇宙中星星数量的40倍。海量数据的产生，在促进数字经济繁荣发展的同时，也使得数据安全风险与日俱增，大量数据频繁跨境流动，从理念、立法、管理机制等方面考验着政府的治理能力。

为此，中方认为，有效应对数据安全的风险挑战，应该遵循秉持多边主义、兼顾安全发展、坚守公平正义三大原则，并提出了“客观理性看待数据安全，致力于维护全球供应链开放、安全和稳定”，“反对利用信息技术破坏他国关键基础设施或窃取重要数据”等八项倡议。

中方倡议着眼于“为制定数字安全国际规则提供一个蓝本，开启一个全球进程”，受到全球密切关注和积极回应。中国－东盟关系协调国菲律宾外长洛钦代表东盟表示，中国提出的《全球数据安全倡议》反映了各国共同关切，东盟各国高度重视。信息安全对包括东盟在内的各国未来发展至关重要，东盟愿同中方加强全球数字治理、网络安全合作。

对于中方的倡议，有国际舆论将其与美方提出的“清洁网络”

计划相提并论，认为中国此次提出倡议的时间点正值美国提出“清洁网络”计划之后一个月，“这是中国为了对抗‘清洁网络’计划发起的一个新倡议”。不过，更有观点认为，相比美国在计划中明确排除中国，“中国在倡议中提出的是大方向原则，并非专指美国”。

中方倡议的目的十分清楚，那就是“旨在为维护数据安全、促进数字发展与合作、推进全球数字治理贡献中国的智慧。我们愿同各方一道，本着秉持多边主义、兼顾安全发展、坚守公平正义的原则，共同应对新问题新挑战，打造数字命运共同体”。正如英国广播公司 8 日一则报道中提到，目前全球缺乏管理跨境数据流动的统一标准，中国希望填补这一空白，并表示愿意贡献自己的智慧，“中方的倡议看来是保护消费者与停止数据滥用的务实提议”。

这是一个基于合作而非对抗的倡议。在数据安全问题上，中方一贯是坦荡、开放、合作的。如果所有国家，特别是那些蓄意造谣抹黑、对中方无端指责的国家，能像中方一样作出承诺，将有助于增强各国在数据安全问题上的互信与合作。个别国家大搞单边主义，以“清洁”为名向别国泼脏水，以“安全”为借口对其他国家领先企业实行全球围猎，这是赤裸裸的霸凌行径，应该予以反对和摒弃。毕竟，用对抗“保护”数据安全没有出路。

（刊发于 2020 年 9 月 11 日时评版）

单边主义没有任何出路

9月14日，中德欧领导人共同举行视频会晤，为下阶段中欧关系规划方向，确定重点领域。

在此次会晤中，中欧一致同意加强沟通协调合作，深化互信，实现互利共赢，坚持维护多边主义。有分析指出，在新冠肺炎疫情加速世界格局演进，单边主义、保护主义、霸凌行径抬头的当下，坚持多边主义有助于推动中欧双方关系迈向更高水平，更加有效应对各种全球性挑战，符合双方和国际社会共同利益。

疫情发生以来，中欧就抗疫和全球卫生合作保持紧密联系，为彼此经济恢复提供了极大助力。欧盟统计局9月14日发布的数据显示，欧盟和欧元区7月份工业生产环比均增长4.1%，月同比降幅连续3个月收窄，略好于市场预期。同一天，经济合作与发展组织（经合组织）发布新闻公报说，今年第二季度，大多数二十国集团（G20）成员经济都出现了前所未有的下降，中国成为唯一实现经济正增长的成员。中欧作为世界两大力量、两大市场、两大文明，正以实际行动和进展，为国际社会抗击疫情、恢复经济、维护正义注入更多正能量。

坚持捍卫多边主义是全世界许多国家的心声。9月15日开幕的第75届联合国大会上，联合国秘书长古特雷斯强调，在面临诸多威胁与挑战，尤其是在新冠疫情肆虐全球之际，国际社会更应坚定捍卫多边主义，抵制单边主义。第 75 届联大主席沃尔坎·博兹克尔当天指出，新冠肺炎疫情被一些人用来为单边行动辩护，从而削弱基于规则的国际体系，“任何国家都无法单独应对这一流行病。单边主义只会进一步加剧这一流行病”。

遗憾的是，这样的警告对美国一些人而言依旧是不值一提的“耳旁风”。单边主义、保护主义、霸凌行径的“调子”似乎更响了。比如“强制技术转让”，本届美国政府一方面不停抛出所谓“中国强制技术转让”的说辞；另一方面却打着“保护数据安全”的招牌，强制中国互联网企业出售。这不是强盗做派又是什么？至于这些年美国毫无商业底线对华为“围追堵截”就更不用提了。

一方面是世界上多数国家对捍卫多边主义的呼吁，另一方面则是美国等少数国家对单边主义的执念。看上去似乎是道选择题，实际上单边主义没有任何出路。

就拿美国政府对中国高科技企业的封锁打压来说，中方这两天已经清晰地表明了态度。中国科学院院长白春礼 9 月 16 日表示，要“把美国卡脖子的清单变成我们科研任务清单进行布局”。指望以封锁打压的办法逼迫中国屈服，过去不灵光，现在没效果，以后也不会起啥作用。

反而是美国政府自己，有些问题恐怕要认真掂量掂量。美国财政部 11 日发布的报告显示，2020 财年（2019 年 10 月 1 日至 2020 年 9 月 30 日）前 11 个月，美国联邦政府财政赤字已高达 3 万亿美元，远超国际金融危机阴影下 2009 财年同期水平。

债台高筑却又找不到正确解决办法会有什么后果？历史书里写得明明白白。至于说想用单边主义、保护主义的办法来彻底解决国内问题，那是邪路更是死路。

说来说去，其实就一句话：多边主义是当下唯一的正确选择。

（刊发于 2020 年 9 月 18 日时评版）

疫情冲击有多大，取决于如何应对

上周，联合国秘书长古特雷斯在第75届联合国大会一般性辩论上呼吁，国际社会应加强团结，共同应对新冠肺炎疫情。在他看来，疫情造成了“前所未有的健康危机以及大萧条以来最严重的经济损失”，给人类社会敲响了警钟，也成为应对未来挑战的一次演练。

古特雷斯这番讲话引出了一个重要问题——新冠肺炎疫情给本已脆弱的世界经济造成了重创，随着对疫情的认识不断加深，越来越多的人开始思考，疫情对世界经济负面影响有多大？正确的应对方式又是什么？

今年以来，一个较为普遍的看法是疫情对世界经济的负面影响可能持续相当一段时间，甚至有观点认为，“新冠肺炎疫情大流行将导致全球化步入永久性倒退”。不过，更多迹象表明，实际情况并非如此。

德国智库基尔世界经济研究所近期分析了2008年至2009年国际金融危机导致的经济衰退数据，发现全球贸易今年的反弹速度要比2008年国际金融危机之后快得多，“当时贸易额花了13个月时间才恢复到今年仅用2个月就恢复到的水平。”该所所长加布里埃尔·费尔贝迈尔说，今年的贸易紧缩主要由人为障碍而非需求长期崩盘造成，“这意味着当各国政府重新开放边界并放宽对社交活动的限制时，进出口将迅速复苏。”

这项研究很有价值，更有一层意思言犹未尽：开放边界并放宽对社交活动限制的前提，在于真正将疫情防控和复工复产复商复市抓紧抓实，而不是“口惠而实不至”，甚至罔顾事实，编造谎言，无端指责抹黑。

目前，在疫情防控工作做得较好的国家，经济贸易改善情况非常明显。德国伊福经济研究所 24 日公布的数据显示，经季节性调整后，德国 9 月份商业景气指数从上月的 92.5 点升至 93.4 点，为连续第 5 个月环比上升。欧洲中央银行一份研究报告则指出：“中国经济快速复苏主要得益于政府切实有效的应对政策和内需拉动。”

与之形成鲜明对照的是，美国疫情防控被《时代》周刊形容为“一场美国式失败”，更给美国经济走向带来了高度不确定性。9 月 22 日，美联储主席鲍威尔出席美国国会听证会时强调：“只有当人们确信可以安全地重新参与广泛活动时，经济才有可能全面复苏。”美国经济前景将取决于疫情发展以及美国政府采取的政策行动。

不难看出，疫情对经济的冲击是个变量，取决于各国如何应对疫情，以及如何正确对待经济全球化这个大势。须知，世界退不回彼此封闭孤立的状态，更不可能被人为割裂。面对疫情冲击，像鸵鸟一样把头埋在沙里假装视而不见，面对经济全球化大势，像堂吉诃德一样挥舞长矛加以抵制，都违背了历史规律。

采取政策行动，说来简单做起来难。但是，“千里之行，始于足下”，只要愿意做总会有收获。不过，从年初到现在，本届美国政府在疫情防控问题上，可谓“嘴行千里，屁股还在白宫里”，似乎在公众面前讲几句漂亮话，把黑锅往别国身上扣，然后在社交媒体发上几条“金句”，疫情就会消退了。

这恰恰应了中国一句俗语，叫作“人哄地，地哄人”。如若不信，过一些时日，你再看看吧。

（刊发于 2020 年 9 月 28 日时评版）

无视经济规律必受其咎

进入10月份，尽管全球疫情依然不容乐观，但全球经贸领域多少传来了一些令人振奋的消息。

6日，世界贸易组织（WTO）发布《全球贸易数据与展望》更新报告，预计今年全球货物贸易量萎缩9.2%，全球贸易表现或好于预期。这个数据，与今年4月份世贸组织曾预测2020年全球贸易萎缩13%到32%相比有明显提升。报告指出，随着多个国家实施了旨在支撑国民和企业收入的强有力货币和财政政策，经济活动在“解封”后加速恢复。6月份至7月份，全球贸易表现强劲，释放出了触底反弹的积极信号，提升了全年贸易表现预期。

6日，国际货币基金组织（IMF）总裁格奥尔基耶娃表示，全球经济正从危机深渊中复苏。IMF6月份曾预计2020年全球经济将出现严重收缩。目前，由于第二季度和第三季度经济形势略好于预期，IMF将小幅上调全年预测。

尽管对全球经济前景谨慎乐观，但无论是WTO还是IMF，都不约而同地把疫情防控视作经济复苏的关键因素。WTO在报告中强调，全球贸易最终表现将取决于疫情发展和政府采取的防控措施。格奥尔基耶娃则指出，由于不同经济体为应对疫情作出的政策回应不尽相同，全球经济将面临不均衡的发展前景。

话虽如此，但也有国家并未全力投入到疫情防控之中。不仅疫情防控不上心，甚至连出台经济救助政策都难以达成共识和谅解。

还是在6日，美国政府方面表示，白宫谈判代表将停止与国会民主党之间就新一轮财政刺激方案举行谈判，直至11月份大选结束。此前，美国国会在3月份、4月份先后通过约2.2万亿美元财政支出法案，以及总额约4840亿美元的应对疫情援助法案。但8月份以来，随着美国大选临近，国会与白宫围绕新一轮财政刺激措施的谈判陷入僵局。美联储主席鲍威尔当天警告，美国经济复苏前景仍高度不确定，政策支持过少将导致经济复苏乏力。

美联储7日公布的9月份货币政策会议纪要更显露了忧虑——如果没有进一步的财政刺激措施，美国经济复苏进程将受到威胁。有分析认为，随着出台更多救助方案的前景愈趋渺茫，美国“经济复苏失败的概率正在上升”。

然而，这些忧虑似乎并不能产生多大作用。本届美国政府的施政方略颇有些“大多数人反对什么，我们便要坚持什么”的意味。比如，巨额贸易逆差是美国经济选择当前模式的必然结果，问题的根子还是在美国国内，但本届美国政府自就任以来却坚持通过加征关税的方式来解决，大有“头疼医脚”且“不撞南墙不回头”的气魄。

与客观经济规律对着干，自然也会感受到规律发生的作用——美国商务部6日发布的数据显示，美国8月份贸易逆差为671亿美元，创2006年8月份以来最高逆差规模。美国贸易代表办公室虽然在数据公布后坚称“贸易政策正在发挥作用”，但更多的人已经在忧虑“贸易逆差飙升可能拖累美国第三季度经济增长”了。

（刊发于2020年10月12日时评版）

这个“全球唯一”对世界意味着什么?

国际货币基金组织（IMF）上周发布的《世界经济展望报告》，引出了一个颇受关注的话题。

IMF 在 10 月 13 日发布的报告对世界经济复苏前景充满忧虑。报告认为，尽管全球经济正在恢复，但“很可能要经历一个漫长、坎坷且充满不确定的过程”。报告预测，无论是美国、日本、英国等发达经济体，还是新兴市场和发展中经济体，2020 年的 GDP 几乎都将出现程度不同的萎缩。唯一的例外来自中国——IMF 预测，2020 年中国经济将增长 1.9%，经济复苏快于预期，是全球唯一实现正增长的主要经济体。

IMF 的判断引起境内外密切关注：有人因受益于中国经济率先重启而表示高兴，有人因疫情的不确定性而对前景存疑，也有个别“恨人有、笑人无”的聒噪之声。这些观点背后，反映出各方正试图努力弄清楚的问题——中国成为全球唯一实现正增长的主要经济体，这对世界意味着什么?

相关判断见仁见智。在笔者看来，有些事实清晰明朗。

首先，中国的经验告诉世界，应对疫情绝不能心存侥幸。中国经济率先重启，得益于面对疫情冲击时坚持实事求是的态度，把人民生命安全和身体健康放在第一位，采取坚定果断措施防控疫情，从而取得抗疫斗争重大战略成果，为经济复苏奠定坚实基础。此后的进程也反复证明，疫情对经济的冲击是个变量，带来的影响大小与各国疫情应对举措密切相关。抗疫有多坚决果断，经济恢复也就有多迅速。

其次，中国经济率先重启有利于促进周边经济体及世界经济复苏。当前，中国正在推动形成以国内大循环为主体、国内国际双循环相互促进的新发展格局。这是开放而非封闭的格局。因此，中国超大的市场规模意味着中国消费回暖势必提供良好契机，带动各国对中国的出口和投资，通过国际贸易渠道增加世界需求总量，促进全球经济复苏。同时，中国率先实现复工复产，有力保障了国际市场供给，支撑了国际产业链供应链顺畅运转。

此外，中国经济率先重启是个积极信号，但各国情况不同，疫情威胁不容忽视。当前，新冠肺炎疫情仍处于全球大流行态势，部分国家和地区出现反弹。世界卫生组织认为，当前全球疫情形势不容乐观。疫情对供应端和需求端都造成了严重冲击。这正如 IMF 总裁格奥尔基耶娃 14 日出席 2020 年 IMF 和世界银行秋季年会时所言，新冠肺炎疫情将对经济造成长期伤害，很多经济体可能数年内都无法回到疫情前的经济活动轨道。未来，疫情仍是主要威胁，不确定性极高。因此，“我们比以往任何时候都更需要强有力的国际合作”，以建设更具韧性的经济。

毕竟，在人类命运共同体理念日益深入人心的当下，大家好才是真的好。

（刊发于 2020 年 10 月 19 日时评版）

就业成世界经济复苏“心病”

上周中国发布数据显示，前三季度中国经济增长由负转正，同比增长 0.7%，多项主要经济数据向好，受到全世界密切关注。

其中，就业形势总体稳定尤其引人注意。前三季度，全国城镇新增就业人员 898 万人，完成全年目标任务的 99.8%。9 月份，全国城镇调查失业率为 5.4%，比 8 月份下降 0.2 个百分点。在新冠肺炎疫情导致全球劳动收入大幅下降、全球劳动力市场复苏存在不确定性的大环境下，中国解决就业问题的这一步迈得非常不容易。

不过，从全球范围来看，就业问题依然是世界经济复苏待解的“心病”。今年以来，国际劳工组织多次表示，受新冠肺炎疫情影响，全球面临大规模失业持续发生的风险。发展中国家和新兴经济体的劳动者，特别是从事非正规就业的劳动者所受影响比以往危机要大得多。仅以每周 48 小时全职工作时长为标准，今年第二季度全球劳动人口工作时间减少了 14%，相当于 4 亿个全职工作岗位。

疫情冲击与多年痼疾叠加，带来的负面影响不可小觑。比如，新冠肺炎疫情对女性劳动者的影响尤为严重，有可能使近几十年来在性别平等方面取得的进展毁于一旦，加剧与工作有关的性别不平等现象。联合国经济与社会事务部 20 日发布的《2020 年世界妇女：趋势和数据》报告进一步显示，全球就业适龄妇女进入劳动力市场的比例不足50%，这一数字在过去25年里几乎没有变化。

政治进程不确定性同样埋下了潜在就业问题的伏笔。当前，英欧谈判前景不明朗，如果英国采取无协议方式脱离欧盟，将是双输局面。有研究称，如果把欧盟以外对英贸易企业计算在内，“无协议脱欧”导致的就业岗位损失可达100万个。

此外，经济衰退与自动化正加速就业市场变革。世界经济论坛21日发布的《2020年未来就业报告》称，新冠肺炎疫情导致的经济衰退和不断加速的自动化将促使就业市场变革速度远超预期。据世界经济论坛估计，未来5年，全球一半的员工将需要某种程度的再培训。雇主需要提供相应的技能培训，才能确保工作人员为今后的工作做好充分准备。

从目前情况看，全球经济二季度状况好于预期，三季度也显示出强劲复苏迹象。然而，由于世界多地疫情仍未得到有效控制，就业矛盾的缓和恐怕依然需要相当长一段时间。

（刊发于2020年10月26日时评版）

只有有效控制疫情　才能实现经济增长

欧美多地新冠肺炎疫情反弹，在上周给市场带来较大冲击，不仅有关股指大幅下挫，更引发了新一轮对经济复苏前景的忧虑。

10 月 26 日，世界卫生组织（WHO）卫生紧急项目执行主任迈克尔·瑞安表示，10 月 19 日至 25 日全球约 46% 的新冠肺炎确诊病例和三分之一的死亡病例来自欧洲地区，欧洲无疑正处于疫情“震中”。同时，近期美国新增新冠肺炎感染病例居高不下。美国约翰斯·霍普金斯大学统计数据显示，截至美国东部时间 10 月 30 日 15 时 24 分，美国新冠肺炎累计确诊病例超过 900 万例，累计死亡病例超过 22.9 万例。

欧美等地来势汹汹的第二波新冠肺炎疫情，不仅迫使法、德等国重抓防疫措施，更引发欧美主要股指大幅下跌。10 月 28 日，欧洲三大股市，纽约股市三大股指出现大幅下跌，其中标准普尔 500 种股票指数创近 4 个月来最大跌幅。

与欧洲纷纷不断细化和升级防疫措施相比，美国似乎更担心疫情再度引发严格管控措施或全面封锁措施的出台，因为这些措施会把经济推回“低消费模式”。当地时间 10 月 25 日，美国白宫办公厅主任马克·梅多斯甚至对外界表示，美国政府不会去控制新冠肺炎疫情。

最新公布的经济数据却让美国政府这番表态的“底气”显得不

那么足。美国商务部 10 月 29 日公布的初步数据显示，第三季度美国实际国内生产总值（GDP）有所回升，即便如此，美国第三季度实际 GDP 与去年同期相比仍下降 2.9%。美国市场对数据反弹也不是太乐观。有分析认为，第三季度的增长主要得益于政府慷慨的失业救济金、紧急商业贷款等刺激政策，但这种情况并没有持续下去。多项数据显示，三季度末美国经济增速已经呈现出明显放缓的迹象，刚刚公布的芝加哥联储全国经济活动指数则显示美国接近增长停滞的边缘。

其实，早在今年上半年，美国多位知名经济学家在接受美国国会联合经济委员会咨询时就不约而同地指出，治愈美国经济的当务之急是控制疫情蔓延。只不过这样的建议被本届美国政府当作耳旁风。如今，大半年已过去，疫情依然肆虐，经济脱困形势不明。疫情控制不住，再漂亮的“增长”也难免昙花一现。

控制疫情并不是没有成功做法，全球各国也对此心知肚明。墨西哥国立自治大学研究员克莱门特·鲁伊斯日前在墨西哥报纸《金融报》上撰文说，中国第三季度经济数据表现抢眼。这向世界证明，只有有效控制疫情，经济才能快速恢复。

对全球经济而言，当前最重要的事情是紧紧把握中国经济率先重启给全球贸易、产业、防疫乃至信心方面带来的契机，拓展世界各国的互利互惠合作，继续推进经济全球化，坚定维护多边贸易体制，维护全球产业链供应链安全畅通运转，共同推动世界经济早日重现繁荣。多做些“加法”，多谈点合作，少搞点保护主义和单边主义，比什么都强。

（刊发于 2020 年 11 月 2 日时评版）

中国市场　全球机遇

上周最令人瞩目的消息，毫无疑问是第三届中国国际进口博览会在上海开幕。中国在确保防疫安全前提下如期举办这一全球贸易盛会，体现了中国同世界分享市场机遇、推动世界经济复苏的真诚愿望。众多跨国企业深切感受到，中国经济复苏将为世界创造更多机遇。

进博会开幕式上公布的一系列数据，让人看到了中国的实干和努力——前三季度中国经济实现了正增长，其中对外贸易额增长0.7%，实际使用外资增长5.2%，为推动世界经济复苏发挥了积极作用。为支持各国抗击疫情，中国人民毫无保留地同各方分享经验，尽己所能为国际社会提供援助。截至10月20日，已向150个国家和7个国际组织提供抗疫援助，出口口罩1790多亿只、防护服17.3亿件、检测试剂盒5.43亿人份。

预计未来10年，中国累计商品进口额有望超过22万亿美元。这是全球最具潜力的大市场，也是世界瞩目的机遇之地。多国领导人在开幕式上以视频方式致辞，认为本届进博会将为推动世界经济复苏及国际贸易合作注入新动力。南非总统拉马福萨表示，促进贸易投资对当前推动经济复苏具有重要意义，进博会为非洲国家和企业提供了重要平台。西班牙首相桑切斯表示，中国市场进一步开放，将为西班牙企业提供更多机遇。巴布亚新几内亚总理马拉佩表示，进博会无疑将为各国发展开拓新空间，分享中国经济复苏及增长带来的发展机遇，并为当前困难形势下全球贸易和经济发展提供动力。

多国领导人的表态大多关注宏观层面。对于企业来说，其感受则更为直接。

10 月 30 日，日本村田制作所在网上发布财报时，该公司董事长村田恒夫表示，疫情发生后，该公司曾预测本年度经营利润同比下降 18%。但近日重新评估后发现，全年度利润将增加 3%，原因是对华电脑、手机用多层陶瓷电容器出口量大增。日本工业用机器人制造商法那科、丰田汽车公司、本田汽车公司也有类似感受。

与日本企业一样感受到来自中国市场“暖意”的还有欧洲企业。据报道，欧盟统计局日前公布的数据显示，在与其他主要贸易伙伴双边贸易额均显著萎缩的情况下，今年前 8 个月，欧盟 27 国对华贸易额同比增长 2.5%，约占欧盟对外贸易总额的 16%，中国成为欧盟最大贸易伙伴。从德国大众集团、戴姆勒公司，到法国开云集团、欧莱雅集团，近期关于市场的好消息多半来自中国。

在错综复杂的国际形势中，中国的市场、中国的增长让更多人看到了希望。然而，也要看到，全球疫情迄今未得到全面遏制，特别是美欧等国家疫情没有根本性好转，世界经济复苏仍面临诸多困难。同时，经济全球化遭遇逆流、一些国家保护主义和单边主义盛行、地缘政治风险上升，也是我国在发展过程中必须面对的不利局面。在这种情况下，尤其要以建设性姿态改革全球经济治理体系，完善全球经济治理规则，推动建设开放型世界经济。

一边是繁荣、稳定与发展，一边是攻击、混乱和纷争，如何抉择，其实并不困难。

（刊发于 2020 年 11 月 9 日时评版）

世界经济复苏离不开全球产业链供应链稳定

从上周起，一系列重要国际性会议陆续召开，合作已成为不可或缺的主题。当下，新冠肺炎疫情仍在全球蔓延，怎样合作、如何摆脱危机，进而推动世界经济尽快复苏，备受瞩目。越来越多的人深刻认识到，如果国际社会不能维护全球产业链、供应链稳定，世界经济复苏无从谈起。

在 11 月 10 日举行的上海合作组织成员国元首理事会第二十次会议上，中方发出“深化务实合作，构建发展共同体”的郑重呼吁。其中，特别提及“加强互联互通，促进产业链、供应链、价值链深度融合”。在两天后举行的第三届巴黎和平论坛上，中方再次强调：“坚定不移深化改革、扩大开放，同国际社会一道，维护全球产业链、供应链稳定，构建开放型世界经济。”

中方的呼吁并非无的放矢。新冠肺炎疫情加速了国际格局调整，世界进入动荡变革期。国际社会正在经历多边与单边、开放与封闭、合作与对抗的重大考验。特别是针对中国的“脱钩论”甚嚣尘上，这给全球经济复苏增加了诸多不确定性。

不过，歪曲的论调毕竟禁不住事实的考验。10 日闭幕的第三届进博会公布数据显示，各方合作意向热度不减。按一年计，累计意向成交 726.2 亿美元，比上届增长 2.1%。有分析指出，疫情对全球供应链的影响主要体现在非防疫物资和民生必需品市场需求下降，造成产品积压、物流中断或效率降低，复工受限造成工厂减产或停产、原材料和零部件供应短缺等方面，“中国通过举办进博会向世界发出明确的自由贸易和市场开放信号，对打通全球产业链和畅通供应链具有积极和正面的影响”。

11 日，IBM 公司董事长罗睿兰在中国发展高层论坛 2020 年年会上表示，中国是世界上最大的经济体之一，与中国脱钩将会造成供应链低效和供求关系扭曲，会使各国民众付出巨大的经济代价。罗睿兰认为，与中国脱钩带来的外溢效应将给金融、科技等行业乃至全球经济带来负面的连锁反应，“合作和经济一体化仍非常关键”。

在推动合作和经济一体化方面，中方的努力从未停息。在 12 日举行的第 23 次中国－东盟领导人会议上，中方欢迎各方签署《区域全面经济伙伴关系协定》，这是地区国家以实际行动维护多边贸易体制、建设开放型世界经济的重要一步，对深化区域经济一体化、稳定全球经济具有标志性意义。

本周，金砖国家领导人第十二次会晤、亚太经合组织第二十七次领导人非正式会议、二十国集团领导人第十五次峰会也将先后举行，在全球抗疫和经济复苏的关键时刻，国际社会携手合作，在开放中创造机遇，在合作中破解难题，才是走出当前困境的理性选择。

（刊发于 2020 年 11 月 16 日时评版）

中国新发展格局的世界意义凸显

金砖国家领导人第十二次会晤、亚太经合组织第二十七次领导人非正式会议、二十国集团领导人第十五次峰会等重要国际会议在上周先后召开。国家主席习近平在一系列重要国际会议上全面阐释中国新发展格局的深刻内涵，持续宣示坚持开放合作的原则立场，不仅向世界展现出更大的“中国机遇”，也使新发展格局的世界意义逐渐凸显出来。

17 日，中方在金砖国家领导人第十二次会晤上讲话时指出，中国坚定贯彻新发展理念，积极构建以国内大循环为主体、国内国际双循环相互促进的新发展格局。中方同时强调，中国开放的大门不会关闭，只会越开越大。我们将更加积极地融入全球市场，更加主动地深化对外合作，为世界经济复苏发展创造更多机遇和空间。

19 日，亚太经合组织工商领导人对话会召开。中方在主旨演讲中进一步阐明新发展格局的世界意义，强调在新发展格局下，中国市场潜力将充分激发，中国开放的大门将进一步敞开，中国的对外合作将不断深化。中国将更加积极地融入全球市场，更加主动地深化对外合作，为世界经济复苏发展创造更多机遇和空间。

这种机遇和空间是实实在在的。对中国而言，这需要以实际行动努力建设更高水平的开放型经济新体制。在 16 日召开的 2020 年创新经济论坛上，中方发言对近年的努力作出了简练勾勒——通过举办进口博览会等各种方式持续释放国内市场潜力，扩大进口空间；减少投资限制，稳步扩大金融业开放，持续推进服务业开放；打造更加法治化、国际化、便利化的营商环境，一视同仁保护好各类企业合法权益；鼓励各类自由贸易试验区锐意进取，打造对外开放新高地；推进共建“一带一路”，深化双边、多边、区域经济合作，推动经济全球化向着更加开放、包容、普惠、平衡和共赢方向发展。

对世界而言，这种机遇和空间体现在“真金白银”的真切感受中。17日，在德国法兰克福举行的第23届欧元金融周“中国日”论坛上，德意志联邦银行执行委员会成员布克哈德·巴尔茨说，中国有效控制国内疫情，经济得以恢复，为德国出口行业提供了支持。18日，日本财务省公布贸易统计报告显示，受对华出口继续扩大等因素拉动，10月份日本出口同比降幅缩小至0.2%，已接近去年同期水平。由于中国经济持续稳定复苏，日本10月份对华出口同比增长10.2%，连续4个月保持正增长。国铁集团数据显示，疫情发生以来，中国通过中欧班列向欧洲累计运送防疫物资751万件、6.2万吨，有力地支援了欧洲抗疫工作。

20日，亚太经合组织第二十七次领导人非正式会议以视频方式举行。本次会议重点关注亚太地区疫情应对和经济复苏，如何合作促进疫情后经济发展是眼下最热门的话题。对此，中国积极构建新发展格局所带来的空间和机遇应为各方所重视，当今世界各国利益紧密相连，世界好，中国才能好；中国好，世界才更好。中国也将坚定不移全面扩大开放，让中国市场成为世界的市场、共享的市场、大家的市场，为世界经济复苏和发展作出贡献。

（刊发于2020年11月23日时评版）

经济复苏需各国用好货币财政政策

今年以来，为应对新冠肺炎疫情，多国央行不约而同地通过放宽货币政策为市场注入流动性，这为稳定经济提供了有效助力。随着货币政策效用逐渐递减，以及一些国家和地区疫情反复，近期各方关于加强财政政策的呼声正在增大。如何用好这两种政策有效促进经济复苏，不仅需要考虑疫情防控等前提条件，也考验着决策者的智慧和耐心。

日前，国际金融论坛第 17 届全球年会在广州开幕。多位具有财长、央行行长背景的专家在发言中呼吁，全球应从财政政策和货币政策两方面来协调和应对疫情带来的系统性风险。专家认为，全球央行普遍面临的低利率甚至负利率的局面，虽然压缩了货币政策的实施空间，但也大幅度降低了政府的融资成本，为财政政策有效实施带来了机遇，特别是减税降费、扩大失业补助金等财政政策可以成为重点方向。

论坛上的一些观点具有代表性。如亚洲基础设施投资银行首席经济学家埃里克·博格洛夫称，央行政策的有效性越来越低，现在需要一些有针对性的财政政策和货币政策配合。欧洲理事会首任主席、比利时前首相范龙佩则表示，当新冠肺炎疫情暴发时，欧盟很快转向扩张政策，就是为了应对危机所带来的负面影响，“最有效的政策莫过于加大财政刺激，与货币政策形成互补”。在11月中旬举行的欧洲央行年度论坛上，美联储主席杰罗姆·鲍威尔、欧洲央行行长克里斯蒂娜·拉加德和英国央行行长安德鲁·贝利在发言时都不约而同地表达了对财政政策的青睐。

但是，“理想很丰满、现实很骨感”。国际货币基金组织总裁格奥尔基耶娃不久前撰文指出：“增长不确定性仍然很高，部分疫情抬头的经济体增长势头放缓，财政政策支持逐步减弱。”比较典型的例子，是美国财政部和美联储近期分歧中所反映出的政策协同困难。

美联储主席鲍威尔日前在多个场合“力挺”财政政策。11月上旬他曾对外表示：“如果我们能在适当的时候获得哪怕是些许的额外财政支持，那么我们就会迎来更加强劲的复苏。”考虑到美联储自3月下旬已经宣布不设额度上限的量化宽松政策，这一判断似在情理之中。

不过，美联储的观点似乎并未得到美国财政部的认同。美财长姆努钦在11月中旬致信鲍威尔称，美联储一系列由财政部支持的便利工具已经实现了当初设立的目的，待12月31日授权到期后，支持多个救济项目的资金将不会续期。姆努钦在信中还要求美联储返还未使用的约4000亿美元资金。虽然美联储最终不得不同意财政部的要求，但仍引起了颇多非议。分析指出，美国财政赤字飙升给财政政策运用掣肘颇多，美国新一轮财政救助方案难产，除了其国内政治因素影响之外，“巧妇难为无米之炊”恐怕也是个重要原因。

对于美国经济而言，还有更大风险需要面对。摩根大通日前发布报告指出，由于疫情迟迟没有缓解，美国经济“面临着活动限制日益增加的不利因素”。这也表明，只有在疫情得到有效控制的前提下，财政和货币政策才能真正发挥作用。

（刊发于2020年11月30日时评版）

世界经济重心东移趋势日显

全球几个主要经济体上周公布的最新制造业数据普遍走强，世界经济逐渐显现缓慢回升态势。与此同时，新冠肺炎疫情给世界经济带来的影响不断深化，一些结构性变化悄然发生，世界经济重心东移趋势日趋明显。

11 月 30 日，中国发布数据显示，11 月份中国制造业采购经理指数（PMI）为 52.1%，比 10 月上升 0.7 个百分点，连续 9 个月位于临界点以上，制造业恢复性增长有所加快。30 日当天，日本经济产业省公布的初步统计结果显示，10 月份日本工矿业生产连续第 5 个月环比回升，同比降幅缩小至 3.2%。12 月 1 日，法国、英国、美国先后公布的 11 月份制造业 PMI 数据均高于预期。德国数据虽不及预期，但制造业活动仍然在强劲扩张，进而推动整个欧元区制造业 PMI 终值高于此前市场预期中值。

有分析认为，最新的 PMI 数据延续近几个月来的稳健走势，为全球经济复苏打下了良好基础，有利于稳定金融风险，帮助实体经济步入良性循环。

世界经济呈现出的缓慢回升态势，也在国际机构最新研究中得以印证。12 月 1 日，经济合作与发展组织发布报告预测，今年世界经济表现将略好于预期，明年将实现 4.2% 的增长。在经济合作与发展组织看来，明年世界经济增长仍取决于对疫情的控制程度，疫苗成为其中的关键因素。经合组织首席经济学家劳伦斯·布恩认为，疫苗部署得越快、在疫苗分配上更好地开展国际合作，都将有助于提振信心，加速复苏。

不过，无论从短期还是中长期看，疫情对世界经济的影响不断深化，变化正在发生。

从短期来看，疫情在全球范围内加剧了不平等和贫困。

12 月 2 日，国际劳工组织发布报告指出，受疫情影响，2020 年前 6 个月，统计范围内三分之二国家的月平均工资有所下降或增长放缓，疫情可能将对近期平均工资水平造成巨大下行压力。12 月 3 日，联合国贸发会议发布《2020 最不发达国家报告》指出，疫情将对最不发达国家的减贫和教育等领域产生负面影响，使 3200 万人重新陷入极端贫困，导致贫困率从 32.5% 上升到 35.7%。经合组织 12 月 1 日的报告也明确指出，最脆弱人群所受影响最大。低收入群体、低劳动技能人群、年轻人或将面临延续数年的风险，债务和不确定性将使能够创造大量就业岗位的中小企业面临生存危机。

从中长期看，疫情加速了世界经济重心向亚洲东移的进程。

一方面，以中国为代表的亚洲国家和地区较为成功地应对疫情，为经济复苏奠定了坚实基础——无论是疫情本身的冲击还是封控措施带来的影响，都没有给经济增长带来明显的长期性损伤。如经合组织报告预计，中国将是 2020 年实现经济正增长的唯一世界主要经济体，中国明年经济增速将达到 8%，仍将是世界主要经济体中增速最快的，中国经济增长对世界经济增长的贡献率将超过三分之一。

另一方面，部分发达经济体因为国内疫情控制不力，挫伤企业信心，使经济前景面临巨大不确定性。12 月 1 日，美联储主席鲍威尔表示，美国经济复苏形势将在很大程度上取决于疫情控制程度。由于美国境内和海外新冠肺炎确诊病例数再度攀升，未来数月经济复苏面临挑战。12 月 2 日，美联储发布全国经济形势调查报告（褐皮书）显示，随着新冠肺炎疫情持续肆虐，美国企业对经济前景的乐观情绪减弱。

疫情引发的此消彼长，使得世界经济重心东移进程进一步提速。更重要的问题则在于，由于对疫情的应对举措不同，政策效果不同，对企业和市场信心的影响也截然不同。正如鲍威尔所说："只有当人们确信可以重新安全地从事广泛经济活动之后，美国经济才可能全面复苏。"

（刊发于 2020 年 12 月 7 日时评版）

英欧谈判为何久拖不决

英欧未来关系谈判上周进入“冲刺”阶段，英国与欧盟在谈谈停停之后，商定在周末前决定该谈判是否继续。截至发稿时，由于双方迟迟不能弥合有关贸易协议的重大分歧，谈判依然拖而不决。无论是英国还是欧盟，都在表示致力于达成协议，也反复强调不排除谈判失败的可能。这种常见谈判技巧反复多次使用，倒使得谈判局面更加扑朔迷离。

今年 1 月 31 日，英国正式“脱欧”并进入为期 11 个月的过渡期，直至今年 12 月 31 日。英国和欧盟从 3 月份开始启动以贸易协议为核心的未来关系谈判。如果英欧双方不能在过渡期内达成协议，双方贸易自 2021 年起将回到世界贸易组织框架下，重新实施边检和关税等安排。

进入 11 月下旬，谈判进程可谓一波三折。先是欧盟谈判团队一名成员感染新冠肺炎病毒，双方面对面谈判被转至线上。11 月 28 日，双方在伦敦恢复面对面谈判后，对外展现的谈判进展持续反复。12 月 7 日，英欧发表联合声明称，由于在公平竞争环境、履约管理和渔业三个关键问题上仍存在重大分歧，英欧最终达成贸易协议的条件“尚不存在”。12 月 8 日，英欧又宣布双方已就执行“脱欧”协议有关遗留问题原则上达成一致。到 12 月 9 日晚，欧盟委员会主席冯德莱恩表示，欧盟与英国将在当周结束前决定是否继续谈判。

无论对英国还是欧盟成员国而言，坚持强硬立场既是谈判技巧的体现，某种程度上也受到各自内部政治经济形势制约。

从英国角度看，“脱欧”问题久拖不决再叠加疫情负面冲击，使英国经济面临前所未有的压力。英国财政大臣苏纳克不久前更是用“近 300 年来最严重的经济衰退”来形容目前英国经济面临的窘境，一旦谈判破裂，对英国经济的负面影响可想而知。对于约翰逊政府而言，在英欧谈判中作出任何实质性让步，都会使其面临巨大的国内政治压力。

从欧盟角度看，其成员特别是法、德两国囿于利益上的复杂纠葛，对于谈判同样纠结。

英国在 12 月初就曾指责，法国的干涉导致欧盟在谈判中态度强硬。有分析指出，英欧谈判分歧触及法国利益，特别是在渔业和公平竞争环境方面，这直接促使法国采取强硬立场。例如，在渔业谈判中，英方提出要求欧盟渔船交还 60% 的捕鱼份额，法国总统马克龙坚持要求，法国捕鱼业不能失去进入英国大部分捕鱼水域的权利，法国总理卡斯泰则公开承诺，不会为了与英国达成协议而牺牲渔业。

经济状况则是德国的筹码。德国联邦统计局 7 日数据显示，今年 10 月份德国工业产出环比上升 3.2%；最新数据也显示，德国今年 10 月份商品出口额环比上升 0.8%，连续第 6 个月环比上升。经济复苏状况较好为德国表态增加了底气。德国曾表示，如果英国继续拒绝欧盟的要求，德国政府愿意让谈判破裂，让英国走向无协议脱欧。

不过，尽管德法姿态强硬，欧盟这边也仍在为可能的谈判结局未雨绸缪。欧盟委员会当地时间 12 月 10 日提出多项具有针对性的应急措施，旨在确保欧盟与英国在未能如期达成贸易协议的情况下，继续保持航空、道路运输等基本畅通，同时确保双方在渔业领域继续给予互惠准入。为了保持宽松的融资条件，欧洲央行也于12月10日宣布将应对新冠肺炎疫情的紧急资产购买计划规模增加5000亿欧元至1.85万亿欧元，购债至少持续至2022年3月份。

有分析指出，12月10日召开的欧盟峰会或许将成为英欧达成协议的“最后窗口”。双方是抓紧时间谈出成果，还是在各自强硬表态中失去机会，又或是将久拖不决的状况继续维持下去？答案也许很快会揭晓。

（刊发于2020年12月14日时评版）

欧美为何指责科技巨头对竞争构成威胁

欧盟上周公布旨在遏制科技巨头的新法案，将矛头对准包括亚马逊、苹果在内的美国科技公司。而在不久前，美国也对其国内互联网科技企业提起诉讼。欧美不约而同地“集中火力”指责科技公司对竞争构成威胁，不仅是为了限制个别科技公司“一家独大”，也因为欧美抢夺数字经济蛋糕存在利益之争，更反映出全球数字经济治理面临的难题。

12 月 15 日，欧盟委员会公布了两条新立法提案，一项针对非法内容的《数字服务法案》，一项针对反竞争行为的《数字市场法案》。从内容看，包括亚马逊、苹果和谷歌在内的美国科技公司可能面临严重违反竞争规则的指控，以及随之而来的最高可达营业额 10% 的巨额罚款，甚至还有被拆分的风险。欧盟负责竞争事务的委员玛格丽特·韦斯塔格明确表示，新公布的法案旨在约束在市场中占主导地位的网络“看门人”企业。

在此之前，美国联邦贸易委员会于 12 月 9 日宣布对脸书公司发起诉讼，认为该公司的多项收购行为损害了竞争，“使得消费者对于个人社交网络的选择变少，并剥夺了广告商从竞争中能获得的利益”。

欧美为何指责科技巨头对竞争构成威胁，并采取具体行动来规制有关公司行为？

首先，科技巨头实力的快速膨胀，引发了欧美政府对其垄断市场，进而妨碍消费者权益和企业创新的担忧。如欧盟一直关注科技巨头公司权力过大，遏制小公司市场竞争的问题。美国联邦贸易委员会认定脸书垄断了个人社交网络服务市场，这种地位为其带来惊人利润，仅去年一年，脸书的营收就超过700亿美元，利润超过185亿美元。美国政府今年10月发布报告，指责亚马逊、脸书、谷歌和苹果公司四大科技巨头利用自身优势地位抑制竞争、扼杀创新。

其次，对于美国科技公司在欧盟数字市场赚得盆满钵满，欧方多年来耿耿于怀。美国科技巨头利用数据避税，从中获得巨大利益，也挤占了欧盟中小企业的市场份额，这让欧方对美国科技公司“必除之而后快”的心思一直蠢蠢欲动。有分析认为，欧盟法案一旦实施，不仅规范了数字市场，欧盟也毫无疑问地成为最大受益者。对此，美国科技巨头心知肚明，在回应表态中明显流露出不满情绪。如谷歌公司在对外回应中就表示，担忧这些提议“似乎特别针对少数公司，并让开发新产品以支持欧洲的中小企业更加困难”。

此外，欧美有关的举措也表明，新冠肺炎疫情在促使全球加速进入数字经济时代的同时，让数字经济的治理问题变得更加突出。疫情发生以来，在线教育、共享平台、协同办公、跨境电商等服务广泛应用，对促进各国经济稳定、推动国际抗疫合作发挥了重要作用。全球主要经济体先后出台多项数字经济发展规划，意图打造数字经济时代背景下的竞争新优势。有分析认为，由于数字经济有自身特性，传统的风险管控手段和治理模式逐渐失效，新的体系尚未建立，反垄断、数据立法、科技伦理等问题会变得更加突出。在这种背景下，欧美对科技巨头出手也就不难理解了。

（刊发于2020年12月21日时评版）

英欧达成协议　经济复苏仍存变数

上周，美国和欧洲各自出现戏剧性一幕：久拖不决近乎破裂的英欧未来关系谈判，“柳暗花明”达成协议，英国宣布完成“脱欧”；美国新一轮纾困法案在喋喋不休的争论中终被美国国会通过，却遭特朗普政府质疑。在 2020 年即将结束之时，美欧应对新冠肺炎疫情推动经济复苏之路依然充满变数。

12 月 24 日，英欧未来关系谈判在各方几乎丧失信心的时候出现逆转。英国与欧盟当天就包括贸易在内的一系列合作关系达成协议，这份协议对英欧商品和服务贸易、英国海域的捕捞权分配以及双方在交通、能源、司法等领域的合作做出安排。

协议明确，从 2021 年 1 月 1 日起，英欧双方将对适用原产地规则的所有商品实行零关税和零配额；在交通领域，协议显示英国正式“脱欧”后，英国企业将失去欧盟单一市场的准入资格，但双方将确保航空、公路、铁路及海运通道的畅通；在能源领域，协议称双方将构建能源交易和互联互通新模式。欧盟委员会主席冯德莱恩把这份协议称之为“公平、平衡的协议”，英方则声称“重新掌控了自己的命运和法律”。

此前，英欧双方在公平竞争环境和渔业等关键问题上存在“重大分歧”，致使谈判久拖不决。这次协议中，英欧双方同意在英国

“脱欧”过渡期结束后的5年半之内，欧盟渔民仍可按现行准入标准进入英国海域捕捞海产品，但其配额将在5年半之内逐步减少25%。这已被视作英国方面做出的巨大让步。公平竞争方面，经济纠纷可诉诸第三方仲裁，而不必完全遵从欧盟司法体系，这被认为是欧盟方面的某种妥协。

分析认为，英国和欧盟之所以短时间内在重大分歧上彼此让步，除了经济面临前所未有的压力之外，近期疫情不断恶化恐怕是关键“催化剂”。12月23日，英国卫生大臣马修·汉考克表示，英格兰东部和东南部更多地区的新冠疫情防控级别将调升至最高的第四级。世界卫生组织12月22日发布的全球疫情周报显示，12月14日至20日的一周里，欧洲地区新增死亡病例36286例，为全球最多，占全部新增死亡病例的46%。

在大西洋的另一边，同样面对疫情困扰的美国依旧争吵不断。12月21日，美国国会众议院和参议院先后通过总额超过2.3万亿美元的一揽子支出法案，其中分为总额约9000亿美元的疫情经济纾困方案和总额为1.4万亿美元的2021财年预算方案。此前，美国两党围绕该法案的拨款金额和实施方式已有数月喋喋不休的争论。尽管有经济学家认为该法案力度不够，而且出台时机太晚，但额外的纾困措施多少会给美国经济提供些许缓冲。

不过，即将卸任的美国总统特朗普似乎对法案的内容并不买账。12月22日，他对外批评9000亿美元的纾困方案力度不足，从而引发外界对他可能不会签署纾困法案的猜测，更给复苏动能持续衰减的美国经济增添新变数。12月22日，总部设在纽约的世界大型企业研究会发布数据显示，美国12月消费者信心指数降至88.6，创今年8月以来最低水平，对于消费导向型的美国经济而言，这可不是什么好消息。

目前，美国、欧洲新增新冠肺炎病例数加速上升，疫苗大规模使用仍待时日，预计隔离封锁措施将持续至2021年。一旦疫情反复，其经济可能受到更加深层次影响，美欧摆脱疫情危机的复苏期恐怕也会更漫长。

（刊发于2020年12月28日时评版）

用合作点亮世界经济复苏前景

刚刚过去的一周，世界告别极不平凡的2020年，迈入2021年。尽管新冠肺炎疫情影响仍在持续，全球经济增长动能有待恢复，但各方对世界经济的信心正逐渐恢复。多国首脑在新年致辞中充分表达了应对疫情挑战的决心和信心。

德国总理默克尔呼吁民众继续团结抗击新冠肺炎疫情，强调“疫情不会是2021年的一切”。法国总统马克龙指出，2021年，法国将面临抗疫、经济、社会、反恐、气候变化等领域的挑战。俄罗斯总统普京说，过去的一年对每个人来说都是艰难的，“考验与苦难一定会过去。相信自己、不在困难面前退缩、团结一致，这将是我们未来共同取得成功的基础”。联合国秘书长古特雷斯则呼吁国际社会直面新冠肺炎疫情造成的危局与困难，团结一致、和谐共处，“使2021年成为治愈创伤的一年”。

“信心比金子还重要”，这对2021年的世界经济而言，无疑是个好兆头，而关于复苏的积极消息也不断传来。

2020年12月30日，中欧领导人共同宣布，如期完成中欧投资协定谈判。中欧作为世界两大稳定力量和两大主要经济体，在疫情冲击的严峻形势下完成谈判，给世界经济复苏注入更多稳定性，增强了国际社会对经济全球化和自由贸易的信心，也为世界树立了合作共赢的典范。

多家国际性机构普遍提升经济复苏的预期。包括高盛、摩根士丹利、摩根大通在内的多家机构在 2020 年底预计，世界经济有望在 2021 年迎来复苏。如黑石集团董事长、首席执行官兼联合创始人苏世民称，到 2021 年，大部分国家和地区将度过难关，实现不同程度的经济复苏。国际货币基金组织（IMF）认为，2021 年全球经济有望恢复到 2019 年的水平。

应当看到，在这些对未来走向的判断中，不约而同地强调了中国在复苏中所发挥的关键作用。如摩根大通预计，2021 年中国将继续引领全球经济复苏。有分析认为，不仅要看到 2020 年中国经济率先重启为全球贸易、产业、防疫作出了积极贡献，提振了全球信心，更要看到中国即将进入“十四五”时期，将构建以国内大循环为主体、国内国际双循环相互促进的新发展格局，这将为疫情后世界经济复苏注入强大能量和稳定性，提供全新的中国机遇。

但同样需要直面的是，世界经济复苏前景仍存在很多困难、障碍和矛盾，一些困扰复苏进程的问题如不能得到妥善解决，仍会对世界经济增长带来不利影响。

首先，疫情蔓延势头亟待得到有效控制。全球新增新冠肺炎病例数仍在上升，疫苗大规模使用尚待时日，预计隔离封锁措施仍将持续。一旦疫情出现强烈反复，世界经济可能会受到更深层次影响。

其次，全球债务屡创新高，违约风险上升。由于历史积累，再加之疫情暴发后的紧急宽松政策，全球债务风险不断攀升。巨额财政赤字与公共债务过度累积将危害经济复苏进程，增加引发主权债务违约的风险。

此外，一些国家单边主义、民粹主义、保护主义抬头，霸凌行径增多，不断加剧地缘政治紧张局势，国际格局加速演变，经济全球化也遭遇逆流，这些因素使得世界经济面临的风险和不确定性进一步增加。

展望2021年，加强全球合作和恢复信心是推动世界经济复苏的关键。世界各国应加强全球经济治理等领域协同行动，推动合作向更广阔空间迈进，用合作为世界经济点亮复苏前景。

（刊发于2021年1月5日世界经济版）

新兴经济体亟待修补债务风险“短板”

上周，巴西总统有关该国经济形势的表述一语惊人，不仅反映出巴西经济面临的复杂局面，同时也折射出一些新兴经济体和发展中国家当下的困境。疫情下加速凸显多年积累的债务风险，正成为新兴经济体乃至全球亟待修补的“短板”。

当地时间 1 月 5 日，巴西总统雅伊尔·博索纳罗在公开场合讲话时称，“巴西破产了，我无能为力”。博索纳罗这番表态的背后，是新冠肺炎疫情导致巴西税收减少、公共开支增加的冷酷现实。在众多新兴经济体和发展中国家中，巴西的境遇不能说是最坏的，却颇具代表性。与发达经济体相比，新兴经济体和发展中国家应对疫情能力更弱，困难更大，更加脆弱。尤其是那些自身经济结构失衡、对国际投资和国际市场依存度过高的国家和地区，在疫情持续发酵和次生灾害的不断演化之下，实体经济、金融投资和大宗商品贸易均受到巨大冲击。

从实体经济看，社会隔离和防疫措施升级，将对劳动密集型产业带来负面影响。这类产业在新兴经济体和发展中国家分布广泛，受到的冲击比较严重。世界经济衰退带来外部需求削弱，对各国产业造成的影响不小。新兴经济体和发展中国家的经济增长动能要恢复到疫情之前仍需时日。

从金融投资看，股市、汇市及美国货币政策的溢出效应是主要传导渠道，对拉美地区来说尤其如此。主要发达国家重启超常规量化宽松政策虽然增加了拉美国家货币政策的操作空间，但也刺激了新一轮债务增长。“离上帝太远，离美国太近”，已成为拉美地区挥之不去的梦魇。

从大宗商品贸易看，全球需求萎缩、石油价格战等因素导致初级产品价格下跌，不仅恶化了贸易条件，而且削弱了资源出口型国家的财政收入，进而限制了有关国家的宏观经济政策空间，债务高企及利息支付增加限制公共支出能力的问题尤为突出。

有分析指出，这些因素叠加起来，对新兴经济体和发展中国家势必造成结构性和持续性的负面冲击，进一步加剧其国际收支的失衡，企业经营异常困难，破产风险加剧，政府财政状况进一步恶化。

实际上，仅2020年上半年，就有包括印度、巴西在内的30多个国家主权信用评级被下调，阿根廷、厄瓜多尔都已出现债务违约。这种局面下，对有关国家债务违约可能性增大的忧虑在不断加深，这将有可能成为困扰新兴经济体和发展中国家并严重拖累全球经济复苏的“灰犀牛”事件。中国社会科学院世界经济与政治研究所研究员张宇燕不久前在《经济日报》撰文指出，展望2021年，“个别新兴经济体和发展中国家因违约引发连锁式主权债务危机的可能性也不能排除”。

因此，对广大新兴经济体和发展中国家而言，有必要进一步审慎应对风险，积极推动结构性改革重获增长动能。全球各方也应加强政策协调，互信互助，开展切实深入的各领域合作，推动世界经济早日复苏。

（刊发于2021年1月12日世界经济版）

谁为美国巨额经济救助计划“埋单”

上周，美国当选总统拜登提出新一轮巨额经济救助计划，应对不断恶化的疫情，推动美国经济复苏。如果该计划在新一届美国政府就任后顺利通过，那么从去年3月以来美国应对疫情的经济救助总额将超过5万亿美元。天文数字面前，怕是谁都会问上一句，谁来“埋单”？

拜登1月14日在美国特拉华州威尔明顿市发表演讲时称，美国国会去年底通过的经济纾困计划远不足以控制疫情和救助经济。拜登团队当天公布1.9万亿美元的“美国救助计划”，其中约4000亿美元将用于应对疫情，约1万亿美元将为受疫情冲击的美国家庭纾困，约4400亿美元为小企业、州和地方政府等提供援助。

拜登尚未就职即宣布经济救助计划，充分反映出近期美国疫情恶化和经济复苏减缓的困难局面。不过，该计划要想在国会顺利通过也不容易，尤其是在去年3月2.2万亿美元和12月9000亿美元的两轮救助之后。三轮救助计划总额将超过5万亿美元，接近美国2019年全年GDP的四分之一。有分析认为，美国疫情防控不力使短期内经济复苏可能性降低，救助资金的来源只能是美国进一步大幅扩张财政赤字和推高政府债务。这在挤占美国未来政策空间的同时，更会引发美元长期汇率走弱，进而以债务货币化的形式向全世界分摊危机处理成本、转嫁财政经济负担。

从美国国内看，经济增长正陷入某种负面循环之中：防控不力导致疫情不断恶化，各种限制措施非但不能及时解除，还有不断加码之虞，经济活力恢复遥遥无期，进而使疫情防控更加被动。不难发现，美国如果不能真正控制疫情蔓延，恢复经济增长的内生动力，救助计划只能是“扬汤止沸”，花了一大笔钱但撑不了多久。1月14日，美国劳工部数据显示，经季节调整后，截至1月9日的一周，美国首次申请失业救济人数环比增加18.1万至96.5万，升至2020年8月以来的最高。首轮救助计划实施还不到一年，效用已经大打折扣。

短期内指望不上国内经济增长，美国救助资金的筹措只能延续“寅吃卯粮”的老路，依靠扩张财政赤字和推高政府债务。然而仔细盘算，美国预算赤字在2020财年增加了2倍，达3.1万亿美元，占GDP的比重为15.2%，创下1945年以来新高；同时美国国债规模已接近28万亿美元，政策空间已十分逼仄。

更有分析指出，美联储购买国债后释放的货币，有相当一部分并未起到救助作用，而是很快流入美国资本市场，推动价格上涨。去年美国市场走势印证了这种观点，资产负债表膨胀导致金融市场流动性过剩，催生资产价格泡沫。短期投机收益显著的同时，长期“灰犀牛”风险正在逼近。

从国际看，美国筹措救助资金的最大可能便是利用美元优势地位向全球转移矛盾。然而，由于多年来美国过度透支美元信誉，全球央行持有美元资产意愿正在不断下降。美国财政部去年12月16日的报告显示，全球央行在此前的26个月中有23个月大幅净抛售的美债达1.15万亿美元，这是全球央行抛售美债的创纪录水平。英国《金融时报》1 月 16 日报道称，欧盟委员会起草的一份政策性文件揭露，欧盟对美国和美元在国际金融体系中的霸权感到相当沮丧。

考虑到目前美国国内形势，美国新一轮救助计划的经济效益并不显著，提振人心的意味更加浓厚一些。当下，尤其需要警惕美国采取政治经济手段，向全世界转嫁救助计划的风险和成本，特别是对于那些购买美元并且储备美元的国家来说，应当慎之又慎。

（刊发于 2021 年 1 月 19 日世界经济版）

美国经济会不会再被疫情“绊倒”

新一届美国政府忙不迭地对特朗普政府在新冠肺炎疫情应对、气候变化、种族平等、移民、经济等多个领域相关政策作出调整，受到外界高度关注。

1月20日，拜登就任第46届美国总统当天，已在白宫签署一系列文件，包括宣布美国重返应对气候变化的《巴黎协定》、停止退出世界卫生组织、停止美国和墨西哥边境墙建设等。

有分析指出，除了否定特朗普政府的政策之外，拜登政府的政策重点落在加强疫情防控和推进总额高达1.9万亿美元的经济救助计划。这其中，美国经济是逐渐走出困境迎来复苏，还是经历一场“更加漫长而痛苦的衰退并留下长期创伤”，疫情防控将成为最关键的环节。

拜登政府对此心知肚明。1月21日，美国宣布一项应对新冠肺炎疫情的国家战略，并签署多项与抗疫相关的行政命令。据报道，这份长达198页的国家战略文件包含多项应对疫情的目标，比如推进安全、有效、全面的疫苗接种计划；通过实施“口罩令”、增加检测量、提高治疗能力和增加医护人员等手段来遏制病毒传播；扩大紧急救助计划等。

不过，美国的疫情防控局面恐怕并不是换个政府，出台雄心勃勃的计划就能迅速改变的。1月22日，美国国家过敏症和传染病研究所所长福奇说，美国政府此前在应对疫情方面并未向公众传递真实信息，导致这么多美国人失去生命。福奇认为，美国在抗击疫情方面还会“走弯路”，“因为美国目前在很多方面并未做好准备”。美国约翰斯·霍普金斯大学1月23日发布的疫情统计数据显示，美国累计确诊病例超过2499万例。这个数据仍在迅速攀升。

接种疫苗的进程不及预期。美国政府此前计划，在2020年12月底前接种2000万人。美国疾病控制和预防中心数据显示，截至1月23日，大约接种2054万剂，较预期进度缓慢许多。如果按这个速度计算，拜登政府希望在就职百日内为1亿人接种疫苗的目标也不好落实，更别说美国国内诟病已久的疫苗分配不公了。

还要看到，加强疫情防控短期内会加大对经济活动的限制，这对去年下半年才稍稍缓过劲来的美国经济而言是个不小的考验。同时，美国政府债务已经处于历史性高位，未来继续实施大规模财政扩张政策的空间较为有限。有观点指出，美联储2020年扩表迅速，一旦2021年通胀有所反弹，美联储可能被迫边际收紧货币政策，或导致金融市场出现新一轮动荡。

考虑到这些因素，美国经济的复苏前景恐怕仍要打上一个大大的问号。

（刊发于2021年1月26日世界经济版）

全球资产价格回调风险提升

上周，无论是国际货币基金组织（IMF）的研究报告，还是美国股市上演的散户与对冲基金“大战”，无不触动着市场的敏感神经，对风险的忧虑正在上升。

1月27日，IMF发布《全球金融稳定报告》更新，指出当前全球金融市场与实体经济脱节仍在延续，在新冠疫苗广泛普及前金融市场回暖和经济复苏仍依赖政策支持，“一旦投资者重新评估全球经济增长前景或政策展望，全球资产价格或将面临回调风险”。

有观点认为，全球金融市场投资者过于依赖各国为金融市场提供的政策支持，忽视了新冠肺炎确诊病例持续增长、疫情尚未有效控制的严峻现实。这种情况下，政策的走向和变化将给全球金融市场带来巨大的不确定性。

对政策的评估正在深化。1月28日，IMF发布《财政监测报告》更新，指出为应对疫情各国政府采取的财政措施总规模已达14万亿美元。截至2020年年底，全球公共债务占经济总量的比重预计达到近100%的创纪录水平。面对债务问题可能引发的风险，IMF呼吁各国在政策力度和债务可控之间取得平衡。

分析指出，在一些市场，高企的股票价格与依然疲弱的经济基本面所隐含的估值不符，在经济存在巨大不确定性的情况下，一旦遇到突发事件，表面繁荣的金融市场与过度冒险的投机行为，将经不起任何风吹雨打。

意外，其实已经发生。

刚刚过去的这一周，美国股市堪称极度疯狂：以游戏零售商“游戏驿站”股价为代表，多只“明星”廉价股票价格在散户投资者与对冲基金的博弈中剧烈波动。与此同时，道琼斯、标普、纳斯达克三大股指再次暴跌，创下去年 10 月以来最糟糕单周表现。散户与机构之间的“大战”引来全球围观，也引发了关于做空合规性、资本原罪论、监管普适性等方面争论。

眼下美股市场的繁荣，几乎完全建立在美联储开动印钞机给市场提供近乎无限量的流动性之上，机构与散户的“大战”在展现跌宕起伏剧情的同时，加剧了市场的不确定性。美股出现盘整和回调的风险已经上升。

高盛集团上周汇总的数据显示，美国股市的对冲基金正在以 6 倍的速度削减它们的股票敞口，从市场撤出的资金总额达到 2014 年 10 月以来的最高水平，同时大量机构疯狂买入债券避险。或许，这场纷争仍未结束，事态还在进一步发酵。

1 月 29 日，美国证券交易委员会表示，近日美国股市多只个股交易价格出现极端波动，正展开密切监测和评估，“将努力保障投资者利益，维护公平、有序和有效的交易市场”。不过，“时间永是流逝，街市依旧太平”，想想 2008 年国际金融危机至今，当年危机的始作俑者大多安然无恙，继续赚得盆满钵满，美国证交会这番表态恐怕也当不得真。

（刊发于 2021 年 2 月 2 日世界经济版）

美国贸易逆差创新高意味着什么

上周发布的数据显示，美国2020年贸易逆差创下2008年国际金融危机以来新高。这不仅意味着特朗普政府贸易政策的彻底破产，也提醒美国新一届政府，用加征关税来解决贸易不平衡，只能是死路一条。

美国商务部2月5日公布数据显示，2020年美国贸易逆差达6787亿美元，较2019年增加17.7%，创2008年以来新高。美国商务部和美国媒体认为，贸易逆差的大幅增长是因为新冠肺炎疫情导致各地采取关停和限制措施，削弱了全球的商业和消费者活动。

不过，美国新政府首次公布的贸易数据具有更深的意蕴：特朗普政府过去4年对来自全球的数千亿美元产品加征关税，并未对美国贸易逆差产生预期中的作用。美国巨额贸易赤字的产生是其经济结构作用的结果，不能简单归咎于经济全球化和主要贸易伙伴。

过去4年中，特朗普政府把消除贸易逆差作为其重要施政目标之一，宣称贸易逆差阻碍了经济增长，并导致美国相对于其他国家处于劣势。但是，美国巨额贸易逆差成因复杂，与美国的政策取向、货币地位、储蓄率低等有密切关系。何况在国际分工中，巨额贸易逆差并不意味着美国吃亏，美方的叫嚷着实有些“得了便宜还卖乖”。

首先，目前的贸易格局是美国多年政策实施的结果。20 世纪 60 年代后，美国在第三次科技革命的背景下，对其国内产业结构进行重大调整，将钢铁、纺织等传统产业逐步转移外放，在其国内主要致力于集成电路等资本和技术密集型产业发展的同时，严格执行技术出口管制措施，逐步利用其科技优势、生产优势等塑造出以服务业为主，低储蓄、高消费的经济格局。

其次，贸易逆差是美元作为全球本位币、美国作为世界最后消费者的必然结果。“石油美元”体系建立至今，国际货币体系的流动性基本上由美元来承担，形成了美国国内总需求大于总供给，美国又不断利用美元的国际“硬通货”地位弥补其国内生产不足的格局。巨额的贸易逆差，意味着美国从其他国家进口大量质优价廉的产品来维持较低通胀率，促进经济转型升级和增长，提高了底层民众的福利。去年疫情期间美国贸易逆差扩大，对美国而言并不完全是坏事。

此外，美国贸易失衡是其国内“消费 – 储蓄”结构失衡的表现。“寅吃卯粮”是美国民众日常生活的常态，居民储蓄率低下短时间内无法得到扭转，美国的政府支出也不可能短期内明显压缩。除非美国提高国民储蓄率或者降低投资，否则美国实现经常账户的盈余是个“不可能完成的任务”。

加征关税等手段无法缩小美国巨额贸易逆差，却对美国经济和就业带来了真实的伤害。美中贸易全国委员会、彼得森国际经济研究所、布鲁金斯学会等机构近期公布的研究显示，特朗普政府对中国发起的贸易战令美国损失 20 多万个就业岗位，还造成美国贸易逆差扩大和外国直接投资减少。

美国商务部数据显示，2020 年美国对华商品贸易逆差降至 3108

亿美元，低于 2018 年的 4195 亿美元。这一方面反映出中国采取行动兑现其在中美第一阶段经贸协议中所做的承诺，另一方面在对华贸易逆差下降的情况下美国贸易逆差却创下新高，充分表明经济规律不以某些人的意志为转移。面对特朗普政府留下的这笔害人害己的有毒“遗产”，新一届美国政府该如何处理，不妨拭目以待。

（刊发于 2021 年 2 月 9 日世界经济版）

推进多边合作不应只是口号和说辞

上周，一些重要国际机构和组织对外强调致力于多边主义，呼吁加强多边合作，某种程度上反映出在疫情的严峻挑战面前，全球范围内理性声音回归。不过，推进多边主义不应只是口号和说辞，而要靠实实在在的行动，说到不如做到。

2 月 19 日，七国集团（G7）领导人网络视频会议召开，会后发表的联合声明信誓旦旦地声称，G7 将为人类健康与繁荣加强多边合作，“使 2021 年成为多边主义的转折之年”。

七国集团在此刻高调支持多边主义，离不开现实层面的考虑。2 月 18 日，经济合作与发展组织（经合组织）公布初步统计数据显示，经合组织成员国 2020 年国内生产总值下滑 4.9%，为该组织自 1962 年有数据记录以来的最大降幅。面对冲击，为了推动经济复苏，七国集团一年对其内部提供了总额超过 6 万亿美元的经济支持。这其中，仅仅美国就已经推出超过 3 万亿美元的救助计划，而且还在推动 1.9 万亿美元的新方案落地。这样一大笔开销该如何消化？由谁来埋单？七国集团语焉不详，但已经明确强调“未来将通过与二十国集团以及国际金融机构的合作，致力于疫后全球经济振兴”。

有分析指出，七国集团现阶段强调多边主义，受到新一届美国政府就职后的政策回摆影响较大。同时，基于七国集团孱弱的经济现状，支持多边主义的功利色彩也少不了，对此应有清醒认识。

多边主义的要义是国际上的事由大家共同商量着办，世界前途命运由各国共同掌握。在国际上搞“小圈子”“新冷战”，排斥、威胁、恐吓他人，动不动就搞脱钩、断供、制裁，人为造成相互隔离甚至隔绝，只能把世界推向分裂甚至对抗。

新冠肺炎疫情暴露出世界存在的深刻裂痕与脆弱性，世界需要以更紧密的全球合作来回应时代课题。疫情在冲击世界经济的同时，给世界的方方面面带来深刻影响，远超流行病和公共卫生的范畴，波及气候变化、社会结构、性别平等、可持续发展目标、网络空间等领域。一些国家选择单边主义，结果不仅难以应对挑战，更加深了世界的撕裂程度。这让越来越多的人认识到，只有基于真正的多边主义才能应对气候变化、社会不平等、新冠疫情等前所未有的全球性挑战。正如德国总理默克尔 19 日在慕尼黑安全会议线上特别会议强调，多边主义为所有政治活动提供了基础。世界银行、世界贸易组织、世界卫生组织、国际货币基金组织等多边组织“必须再次得到加强”。

在世界格局深刻变化的背景下，如果不寻求更广泛的国际合作，七国集团这种西方国家“小圈子”“富人俱乐部”根本无法独自应对疫情等全球性挑战，对七国集团来说，多边主义是现实而正确的选择。践行多边主义，不仅需要维护多边机构的权威性和有效性，也要坚持通过制度和规则来协调规范各国关系，反对恃强凌弱，不能谁胳膊粗、拳头大谁说了算。至于说以多边主义之名、行单边主义之实的小心思更是行不通，“有选择的多边主义”尤其不能选择，应当坚决反对。

（刊发于 2021 年 2 月 23 日世界经济版）

美国资本市场何以草木皆兵

上周，美国资本市场出现剧烈波动，再度引发市场对全球货币宽松风险的担忧。去年以来，宽松的货币政策和不断出台的救助计划，刺激美股市场不断走高。在背离经济基本面的同时，美国市场对政策任何可能的变动极其敏感，几乎到了风声鹤唳、草木皆兵的田地。

2 月 23 日开始，美国市场出现剧烈波动。23 日，纽约股市纳斯达克指数盘中暴跌近 4%，25 日，美股进一步深度下挫，三大股指大幅收跌，纳斯达克综合指数跌幅达 3.52%，遭遇去年 10 月底以来最大单日跌幅。

在美股动荡之际，美联储出面表态意图安抚市场情绪。2 月 23 日，美联储主席鲍威尔表示，美国经济复苏势头持续放缓，不平衡且不全面，前景充满不确定性。美联储将维持当前联邦基金利率目标区间，并继续以不低于目前速度增持国债和机构抵押贷款支持证券，直至就业和物价两大目标取得实质性进展。

不过，美国长期国债收益率的“闪涨”让美联储这番表态落空。2 月 24 日，10 年期美国国债收益率盘中升破 1.4%，不仅远高于 3 个月前的 0.88%，与两年期美国国债的利差也达到 130 个基点。有分析指出，长期国债收益率上涨势必推高房贷和企业贷款成本，被视为市场预期通胀加速的信号，考虑到美联储此前提及的政策目标，关于宽松货币政策退出的担忧急剧上升，从而引发市场动荡。

眼下美股市场“繁荣”，得益于美联储开动印钞机给市场提供近乎无限量的流动性，得益于美国政府去年以来为应对疫情出台的数轮救助计划。但是这种“繁荣”正陷入十分尴尬的境地：美股市场对超宽松货币条件的依赖日益加深，任何风吹草动都会带来市场的剧烈波动，哪怕是经济复苏带来的温和通胀，都会引发市场对于政策收紧的忧虑和恐慌，造成大幅震荡。而美国政府对市场波动十分敏感，屡屡在第一时间出面安抚，继而采取各种救市行动。凡此种种，恰似向全世界上演了一出美国资本市场“会哭的孩子有奶吃”的活报剧。

不难发现，金融“繁荣”正取代经济复苏，成为美国政策的最终落脚点，这或许并非美国政策制定者的本意，但却是难解的制度“痼疾”。如此持续下去，未来市场有两种态势出现的可能性较大：

一方面，美国超宽松政策无节制地实施下去，但政策的边际效益不断递减，导致风险不断上升，最终可能导致市场出现大幅回调并波及全球。

另一方面，货币宽松和政策变动极有可能引发热钱短时间进出新兴市场，导致剧烈波动。这样的故事历史上曾经出现过，有关国家和地区不能不汲取教训，有所提防。

（刊发于 2021 年 3 月 3 日世界经济版）

美国巨额救助计划将给世界带来什么

当地时间 3 月 11 日，美国总统拜登签署了 1.9 万亿美元的经济救助计划。市场普遍预期，该计划最快本月就将实施。

去年至今，美国推出的三轮救助计划总额已超过 5 万亿美元，大约是美国 2020 年全年 GDP 的四分之一。短期内释放天量资金，虽然能对美国经济发挥“强心针”的效用，但是也将给世界经济带来前所未有的麻烦。美国铺下这么大的“摊子”，恐怕将成为未来一段时间影响世界经济复苏的重要因素之一。

首先，在前两轮救助计划和疫苗接种加速的共同作用下，美国经济正处于触底之后的缓慢抬升阶段，新一轮刺激计划落地后，对近期剧烈波动的美股市场将起到托升作用。10 日当天救助计划投票通过的消息发布后，道琼斯指数和标普 500 指数在盘中扩大涨幅，道指一度涨超 550 点。同时，美国财政刺激落地对居民消费的拉动表明财政刺激对消费仍有明显提振，对未来一段时间美国核心通胀也将起到推升作用。

其次，从去年美国市场走势看，巨额救助资金的相当一部分很快流入资本市场，推动价格上涨。资产负债表膨胀导致金融市场流动性过剩，催生资产价格泡沫。有分析认为，全球市场短期内可能迎来一轮风险偏好提升行情，而包括原油、有色金属在内的国际大宗商品的价格在天量资金入市的情况下也可能进一步抬升。

此外，最关键的问题在于美国如何解决大幅扩张的财政赤字和不断飙升的政府债务。这些债务极有可能成为美国向世界转移的最大风险。

3 月 4 日，美国国会预算局预测，联邦债务规模今年年底将相当于美国国内生产总值的 102%，如此高的债务水平将抬升借债成本、放缓经济增速、增加财政危机风险。而这一预测甚至还没把 1.9 万亿美元的新一轮经济救助计划计算在内。

美国政策制定者对面临的风险心知肚明，但近期却频频通过“理论创新”极力淡化债务水平上升风险。2 月下旬，美国财政部长耶伦就曾对外表示，“在非常低的利率环境下，评估债务的传统指标，如债务与 GDP 的比率 100% 的警戒线就没有那么重要了”。在她看来，一个“更重要的指标”是联邦债务的利息支出占国内生产总值 GDP 的比例，目前大概在 2%，与 2007 年美联储开始大幅加息前相仿。而在更早时候，美国前财长萨默斯就已经公开陈述并撰文表达类似观点。

真正要警惕的是隐藏在理论外衣后面的行动。据美国国会预算局预测，今年联邦赤字规模预计将相当于国内生产总值的 10.3%，创 1945 年第二次世界大战结束以来第二高。这种情况下，以债务货币化的形式向全世界分摊危机处理成本、转嫁财政经济负担恐怕是美方大概率要采取的行动。或者对其他国家和地区的汇率施压，或者逼迫其他国家和地区加快资本账户开放，放松金融管制，或者利用美元优势地位在国债套利中转移美国的救助成本。

美国巨额救助计划落地，在刺激短期投机收益显著的同时，进一步提升了全球市场面临的“灰犀牛”风险。对此，有关国家和地区应当做好充足的预案和准备。底线思维的重要性即在于此。

（刊发于2021年3月14日世界经济版）

中美间积极合作关系至关重要

上周举行的中美高层战略对话吸引了全世界的目光。这次对话是及时的、有益的，加深了相互理解。有观点指出，尽管中美双方在一些问题上仍存在重要分歧，但中美可以开展合作的领域加起来“仍是一份长长的清单”。美方应当认清事实，同中方相向而行，聚焦合作、管控分歧，推动中美关系健康稳定发展。

“冰冻三尺非一日之寒”，不能指望一次对话就能解决中美之间的所有问题，但是对话有助于双方开启坦诚、建设性、理性对话和沟通的过程。实际上，就在此次对话之后，中美双方同意按照两国元首 2 月 11 日通话精神，保持对话沟通，开展互利合作，防止误解误判，避免冲突对抗，推动中美关系健康稳定发展。同时，双方均致力于加强在气候变化领域的对话合作，并将建立中美气候变化联合工作组。这显露出向积极方向转变、向聚焦合作方面转变的迹象。

中美间应积极合作的呼声在中美学界、企业界从未缺席。在 3 月 20 日至 21 日召开的中国发展高层论坛 2021 年会上，中美关系是各方关注的重中之重。与会嘉宾在疫情防控、气候合作、人文交流、经贸往来等领域，为中美可以开展的合作拟定了“一份长长的清单”。

基辛格博士在年会视频演讲中指出，中美是两个伟大的社会，有着不同的文化、不同的历史，现代科技、全球化传播和全球化经济，要求两个社会做出比以往更大的努力进行合作，“因为世界的和平与繁荣取决于两个社会之间的理解”。基辛格博士强调指出，世界上工业和科技大国之间、中美之间，积极的合作关系至关重要。

从历史上看，基辛格博士1971年7月访华，中美关系多年坚冰自比开始消融。此后中美关系正常化进程正是历史发展和实践的结果。不难看到，在关系正常化之前，中美之间吵过架，较过劲，一度激烈对抗过。但是，在除了合作之外的所有相处方式都尝试过之后，中美最终选择了求同存异这条道路。中美两国“合则两利，斗则俱伤”，绝不是一句空话。

原中共中央党史研究室副主任章百家认为，尽管两国之间始终存在着一些矛盾，两国关系的发展也经历了不少曲折，但不可否认，两国现已形成的密切联系是历史上前所未有的。毋庸讳言，当前中美关系正处在一个十分困难的时期。中美关系所要翻越的雪山、走过的草地，就是两国历史、文化、价值观和社会制度差异给两国相互理解和交往所带来的困惑，“我们的目的地就是中美两国与世界的和平、发展、合作、共赢。和谐而不同的世界将是美妙的”。

企业的视角更加务实。高通公司首席执行官史蒂夫·莫伦科夫指出，当美中两国企业携手在中国乃至全球推动创新并引领商业成功，未来将变得无限可期，“两国围绕数字技术变革开展长期合作，将具有令人振奋的前景”。

事实证明，中美合作顺应两国民意和历史潮流，这无论是对中美两国还是对世界而言，都具有十分重要的意义。美方应当在正确看待认识中国的基础上，妥善处理矛盾分歧、开展互利合作，与中方相向而行，找到一条既能够管控分歧，又能够兼顾彼此利益最大公约数的相处之道，推动中美关系早日回到健康稳定发展的正确轨道。

（刊发于 2021 年 3 月 23 日世界经济版）

全球贸易运输通道需要“安全备份”

上周，苏伊士运河因货船搁浅中断，给世界贸易特别是欧亚贸易带来严重负面影响，进而冲击全球各类商品的供应链安全。事件暴露出全球贸易运输存在的严重隐患，也带来了更多的警示和思考——全球贸易运输通道需要更完善的“安全备份”。

自从新航路开辟，人类进入海洋时代，海上运输因其运量大、成本低而成为国际贸易中最主要的运输方式。国际贸易总量中的三分之二以上都是通过海上运输。不过，以海上航线为主体构成的全球贸易运输通道，其软肋同样突出。且不说恶劣的海洋气象条件、突发的地缘政治风险都能轻易对航线安全构成威胁，仅仅是目前海上航线“咽喉要道”过于集中在10多个关键节点的现状，就大大提升了全球贸易运输的风险。无论是历史还是当下，往往是苏伊士运河、巴拿马运河、马六甲海峡、霍尔木兹海峡等地一成为新闻焦点，全球贸易就不得不跟着“担惊受怕”。

就拿这次出事的苏伊士运河来说，位于欧洲、亚洲、非洲交接处，又是连接地中海和红海的唯一海上通道，约12%的世界贸易量由此运输，全球特别是亚欧贸易往来尤其倚重此路。如此要津，却因一起看似不起眼的意外事件停止运作，其脆弱程度可想而知。

越来越多的国家意识到这个问题，海上新航路的建设正在展开。

如俄罗斯积极推动的北极航道，是一条从北欧出发，向东穿过北冰洋巴伦支海、东西伯利亚海及白令海峡等海上通道，船只可经此驶往太平洋沿岸国家。有分析指出，与传统南方航道相比，亚欧国家通过北极航道运货可节省 10%~30% 的时间，北极航道的商业开发价值日益受到重视。

除了海上航线，陆上通道开辟扩展具有更加重要的意义。如对亚欧大陆而言，无论是从经济成本还是辐射范围角度考虑，陆上运输特别是铁路运输前景十分广阔。有研究机构测算，从成本看，中欧班列运费是空运的四分之一到五分之一，运输时间是海运的三分之一到二分之一，“对于高附加值、强时效性等特定物流需求具有比较优势”。而从辐射范围看，中欧班列为亚欧大陆桥沿海地区和内陆腹地、内陆腹地之间以及亚欧大陆周边国家地区密切对接亚欧内陆市场提供了更多的运输方案。

经过去年疫情的冲击，亚欧大陆桥陆上通道的“成色”已在极端条件下得以验证。2020 年中欧班列“逆势”增长，承接海运、空运转移货物，首次突破“万列”大关，全年开行 12406 列，同比增长 50%，通达 21 个国家的 92 个城市，为稳定国际供应链产业链、助力中欧共同抗疫发挥了重要作用。

应当看到，新运输通道的建立完善并非朝夕之功，其建设进程恐怕也不会一帆风顺。不过，正所谓事在人为，凡事只有开始推进才有真正改变的可能。据世界贸易组织预测，2021 年全球贸易复苏力度与趋势仍具有高度不确定性，完全复苏有待时日。在这种局面下，将各方面的风险因素降至最低，减少对海上“咽喉要道”的过度依赖，开辟更多的海上陆上通道，将是更具远见的选择。

（刊发于 2021 年 3 月 30 日世界经济版）

美式复苏会给世界带来什么

上周，美国总统拜登宣布总额为2.25万亿美元的基础设施建设一揽子计划，在未来8年用于交通基础设施、促进制造业发展等领域。拜登政府希望通过增加企业税为基建计划提供资金。而据美国媒体报道，拜登政府接下来可能还将公布一项有关扩大医疗保健等政府支出的计划。这两项计划加起来的支出规模可能超过3万亿美元。

有关计划能否通过姑且不提，毕竟征税的话题在美国极富争议，而触动利益比触及灵魂还难，其中的曲折不难想见。眼下更大的问题在于，通过债务飙升提振的美国经济，带给世界的未必是利好，更有不少的麻烦。

在天量资金的刺激下，美国经济短期内复苏步伐有所加快。与此同时，通胀预期的不断抬头，推动美国10年期国债收益率上扬，引发国际金融市场动荡。

3月17日，巴西央行宣布将基准利率从2%的历史低点上调至2.75%，这是巴西央行自2015年7月以来首次加息。3月18日，土耳其央行将关键利率上调200个基点至19%，该央行还表示，如有必要，将进一步收紧货币政策。3月19日，俄罗斯央行宣布将基准利率上调至4.50%。俄罗斯、巴西、土耳其等国最近的加息举措，多少有点不得已而为之的无奈，也不利于经济复苏。然而在美国外溢政策以及国际资本加速流动的影响下，只能是“两害相权取其轻”罢了。

国际货币基金组织（IMF）总裁格奥尔基耶娃日前警告，美国经济复苏加快可能导致利率水平迅速升高，引发全球融资环境急剧收紧，使大量国际资本流出新兴和发展中经济体。这尤其会给外部融资需求巨大且债务水平较高的中等收入国家带来严重挑战。

对于政策可能给世界带来的负面影响，美国人很清楚。有美国媒体分析指出，如果美国新一波的政府开支大幅推高通胀并迫使美联储比预期早得多地上调关键利率，那么美国经济复苏可能会“导致全球经济出现裂痕”。由于美元在全球金融和贸易中发挥着巨大作用，美联储的收紧措施也会提高许多国家的借贷成本。

知道问题所在，但却选择无视，美元作为全球主要储备和结算货币是美国的最大底气。不过，大规模发债短期内固然能给经济打入“强心针”，但“天下没有免费的午餐”。通货膨胀、债务危机、资产泡沫化、贫富差距加大等风险不会无缘无故地消失，仅靠美联储自我印钞并推动的债务经济，总有风险爆发的一天。如果现有国际金融秩序和格局没有更为合理的调整，恐怕带给世界经济的麻烦会更大。

实际上，据美媒统计，截至2020年12月，全球央行已抛售美债近万亿美元规模，包括日本、德国在内的29个持有国均不同程度地减持了美债规模。这也表明，头脑清醒的人还是不少的。

（刊发于2021年4月7日世界经济版）

处理福岛核污水不能让世界埋单

据日本媒体报道，日本政府基本决定将福岛第一核电站核污水排入海洋。这一消息迅速引起全球密切关注。有分析认为，核污水排入海洋会影响到全球鱼类迁徙、远洋渔业、人类健康乃至生态安全等方面，是涉及全球海洋生态和环境安全的国际问题，处理福岛核污水不能让世界埋单。

日本要把核污水排入大海的风声已经多次传出。去年 10 月就有消息称，日本政府考虑正式决定排污入海，当时遭到日本国内渔业界以及周边国家和国际组织的多方反对。日本政府不得不出面否认，并表示“日本政府会听取多方意见再做决策”。

日本为何始终惦记要将核污水排入海洋？至少有三方面的考虑。

首先，认为排污入海的成本最低、最便捷。去年 3 月，东京电力公司曾向日本政府提出 5 种处理核污水的方案，包括地下掩埋、注入地壳、以水蒸气形式排放到大气中、以稀释水形式排入海里、转化为氢化物排放。其中，以稀释水形式排入海里的方案得到东京电力公司的力推。日本媒体称，该方案是五种方案中“花销最小，速度最快”的处理办法。

其次，储存核污水的储存罐不够用了。按照目前的核污水存储容量和处理速度计算，预计到 2022 年下半年，储存核污水的储存罐容量即将达到137万吨上限。日本首相菅义伟今年3月在国会答辩时就曾表态称“将在合适的时间敲定处置方针”。

此外，日本重启核电的意愿增强。菅义伟去年就职后宣布“日本力争在2050年实现‘碳中和’”。有分析认为，要想实现碳中和目标，意味着日本重启核电将被提上议事日程，处理福岛核事故的遗留问题也就紧迫起来。

面对核污水排放造成风险的质疑，日本一些政治人物和媒体坚称“将核污水排入海洋是国际惯例”，并表示将尽最大努力净化这些核污水，使其污染达到最小甚至消失。不过，多家国际组织和研究机构的研究表明，情况没有那么简单。“成本最低”的方案可能会让世界付出巨大代价。

一方面，福岛及其周边海域将遭受二次伤害。10年前福岛核事故发生后，当地动物和人类的健康状况、预期寿命都大幅度下降。有研究表明，海洋生物对生存环境往往更加敏感。一旦日本将巨量的核污水排放入海，将对当地的海洋生物群系造成巨大冲击。去年就有国际组织警告称，福岛核电站排放到海里的污染水含有放射性物质，有可能损害人类的DNA。

另一方面，核污染将随洋流蔓延扩散至全球。在福岛核事故发生后不久，德国基尔亥姆霍兹海洋科学研究中心对核污染水扩散情形计算建模结果显示，只需3年时间核污染就能从日本福岛蔓延至北美。不仅如此，生活在核污染海水中的海洋生物会富集放射性元素，这将严重威胁海洋生物链。福岛核事故之后，日本的渔业产品、果蔬、水稻甚至化妆品都曾被曝核辐射超标。

10年前发生的日本福岛核事故，对海洋环境、食品安全和人类健康已经产生了深远的影响。目前的核污水处理方案一旦失败，不仅影响日本国民，也将给周边国家和全世界带来不可承受的伤害。有关决策应当严格准确、公开透明、慎之又慎。毕竟，扩散后的核污染将会更难处理。

（刊发于 2021 年 4 月 13 日世界经济版）

控制疫情仍是世界经济复苏关键

全球疫情近期出现明显反弹。上周，日本第三次宣布紧急状态，印度疫情急速恶化、濒临失控，病毒变种带来的风险提升。种种迹象表明，能否控制疫情蔓延仍是经济复苏的关键。

4月23日晚，日本再次宣布东京都、大阪府等地于25日进入为期17天的紧急状态。去年4月和今年1月，日本曾采取过相同措施，然而由于该举措并非硬性“封城”，很大程度上依靠民众和商家合作，防控效果并不理想。有分析认为，日本此举也是担忧疫情蔓延会再度影响东京奥运会的举行。

更严重的情况发生在印度，该国单日新增新冠确诊病例数近期连创新高。印度卫生部26日公布的数据显示，该国较前一日新增新冠确诊数量达35.2万例，已连续5天单日新增病例超过30万例。

印度几近失控的疫情让全球本已舒缓的神经再度紧绷，让人不由得担忧迄今取得的全球抗疫进展再度受挫。半个多月前，国际货币基金组织（IMF）发布《世界经济展望报告》时曾不无乐观地认为，全球经济增长前景好于预期。只不过IMF的判断有前提，“取决于病毒和疫苗之间的竞赛，以及世界各地卫生危机的缓解”。从目前情况看，全球复苏仍面临高度不确定性，尤其是在控制疫情蔓延方面，全球仍有多方面困难亟待克服。

首先，不能坚决落实疫情防控措施成为疫情反弹的重要原因。世界卫生组织有关人士日前指出，想要让疫情彻底消失，除了必须接种疫苗外，还需要有其他的遏制手段，比如保持社交距离、长期佩戴口罩以及不要参加聚会等。然而日本和印度今天的情况表明，这方面的工作落实并不到位。印度政府认为，戴口罩和保持社交距离等防疫措施执行力度下降、“防疫疲劳”导致民众防疫意识有所松懈、基层和社区没有采取有效隔离措施等是此轮疫情反弹的原因。

其次，各国在获取疫苗方面机会不均，阻碍了各国抗疫的进程。一方面，以美国为代表的发达经济体采购的疫苗数量远超本国居民实际需求量，却不愿意对外施以援手，而很多发展中国家却无从获得疫苗。如美国近日对印度抗疫的冷漠态度引发印度国内的强烈不满，《印度快报》26日刊文称，美国储存了3500万到4000万剂永远不会被使用的阿斯利康新冠疫苗。分析认为，囤积疫苗无助于抗疫，但有囤积居奇、待价而沽的嫌疑，而疫苗民族主义会对全球经济产生负面影响，在经济全球化的今天，如果世界上大部分地区疫情蔓延势头无法遏制，其他地方也会受到影响。

此外，仍有一些国家在全球抗疫合作中制造对抗，给疫情防控和经济复苏带来巨大障碍。正如西班牙中国问题专家胡里奥·里奥斯日前撰文指出，有些国家的政府，他们关心的不是制止疫情，而是如何防止疫情造成他们想象中会使自己利益受损的新的力量平衡，“只有这样才能解释他们为何极力抹黑非西方国家的援助，甚至散布已经被世卫组织否认的新冠病毒起源阴谋论”。

（刊发于2021年4月27日世界经济版）

美股走势难辨经济晴雨

上周，尽管美国公布的非农就业数据不好看，但是却刺激美股再创新高。这不仅表明美股曾经被人追捧的“经济晴雨表”功能早已极度弱化，也反映出如今美国从政府到市场普遍抱有孤注一掷的赌徒心态。

7 日，美国劳工部数据显示，4 月美国非农部门新增就业人数仅为 26.6 万人，不仅远低于 3 月的 77 万人，更离市场普遍预期的近 100 万人相差十万八千里。同时，失业率数据环比上升 0.1 个百分点，达到 6.1%，与预期的 5.8% 差距也不小。非农就业数据是体现美国经济好坏的关键指标，通常情况下与美国股市走势相关联。然而数据公布后，美三大股指却大幅上扬。截至 7 日收盘时，道指上涨 0.66%，标普 500 指数上涨 0.74%，均创下历史新高，纳斯达克综合指数也上涨 0.88%。

有分析认为，主要经济指标疲软反映出美国经济前景并不乐观，但是不乐观的前景却意味着美国刺激性财政和货币政策会继续实施，对于已经形成政策依赖的美国股市投资者而言，坏数据反而成了好消息。疫情期间，“数据越差，美股越涨”的荒诞情形，已顺理成章地在美股市场反复上演，美股走势更像是一种货币现象，而非经济趋势的如实反映。

如何应付这种“刺激政策许进不许退”的市场情绪，是美国当局面临的大难题。4日，美国财政部长耶伦曾看似不经意地“跨界”表态，称美国出台的支出举措与美国经济总量相比规模较小，但“可能导致利率出现一些非常温和的上调”。话音未落，美股“就地打滚”，道琼斯工业平均指数和标准普尔500种股票指数当天一度下跌超过1%，纳斯达克综合指数盘中最大跌幅接近3%。这迫使耶伦不得不迅速澄清，称她尊重美联储的独立性，先前言论并非对美联储货币政策的预测或建议。

那么，美国当局百般迁就市场情绪又是图什么？

一方面，是为了稳定市场、避免引发金融风险。美联储6日发布半年度《金融稳定报告》警告，美国股票等资产估值偏高且持续上升，“如果风险偏好下降、遏制疫情的进展令人失望或者经济复苏停滞，资产价格很容易大幅下跌”。这对于债台高筑的美国政府而言完全不能承受。因此，即便美国当局有加息的心思，短期内落地的可能性并不大，最多也不过是隔三岔五地给市场吹吹风来引导预期。

另一方面，要看到美国通过极度宽松政策刺激经济复苏的根本意图。有分析指出，美国当局近期反复表示资产价格高涨不构成恐慌理由，正是寄希望于经济复苏带动的企业业绩提升和就业与收入增长能够支撑资产价格。

换句话说，美国当局恰似正在进行一场豪赌——用天量的债务规模以及通胀指标的稳定当本钱，去赌宽松政策能够把美国经济拉升起来。而美国资本市场又正是看准了当局的考量，才会更加肆无忌惮地推升资产价格。如此局面之下，美国经济什么时候迎来有力复苏尚无定论，但曾经困扰美国多年的滞胀恐怕是不会太远了。

（刊发于2021年5月11日世界经济版）

欧美施策促增长重于稳通胀

上周发布的4月份美国消费者价格指数（CPI）和工业生产者出厂价格指数（PPI）大幅上扬，加剧了全球对通胀的担忧。外界对于欧美退出刺激政策乃至于何时加息的讨论十分热烈。不过，由于全球疫情蔓延的状况尚未扭转，而经济增长的内生动力仍未恢复，因此短期内欧美施策重心依然是促增长，而非“心心念念”的通胀。

当地时间5月13日，美国劳工部最新数据显示，美国4月份CPI环比增长0.8%，同比增长4.2%，远超预期，创2008年9月份以来最大同比增幅；美国4月份PPI环比增长0.6%，同比增长6.2%，为2010年以来的最大涨幅。迅速上扬的数据加剧了全球关于通胀的焦虑。有分析指出，欧美发达经济体推进的大规模宽松货币政策及财政刺激政策在不断强化全球通胀预期，外部溢出效应对新兴经济体乃至世界经济复苏的负面冲击正不断显现。

不过，通胀指标虽然重要，但由于承压的主要对象是新兴经济体而非“大水漫灌”的始作俑者，因此稳通胀并非欧美等发达经济体眼下最要紧的事情。美联储去年8月份宣布的新货币政策框架就表明，美联储会容忍通胀率“适度”高于2%“一段时间”，以实现2%的平均通胀率目标。近期美联储官员也频频表态，称短期通胀压力尚不足以迫使美联储加息，他们甚至普遍预计“美国通胀率将在今年晚些时候回落”。负责经济事务的欧委会委员保罗·真蒂洛尼则在本月 12 日表示，刺激政策不应过早退出。

美国也好，欧洲也罢，心里打的算盘多半还是通过极度宽松政策刺激经济尽快复苏。更何况，美国资本市场去年以来只要有关于退出宽松的“风吹草动”就要“撒泼打滚”一番。这尤其让美国当局投鼠忌器，短期内也只能靠嘴皮子来调整市场的通胀预期。不过，欧美能否如愿以偿地迎来有力的经济复苏，仍存在许多不确定的因素。

首先，欧美就业指标恢复有待时日。作为判断经济复苏的关键指标之一，欧美的就业状况在政策刺激下依旧居高不下，为经济复苏蒙上阴霾。欧洲方面，欧元区预计 2021 年失业率依然高达 8.4%，欧洲央行首席经济学家连恩上周表示，欧元区失业率至少要到 2023 年才能回到 2019 年的水平。美国这边，4 月份美国失业率为 6.1%，远高于疫情前 4% 左右的水平。美联储副主席克拉里达认为，按照近几个月的就业增速计算，美国就业要到明年 8 月份才能恢复到疫情前水平。

其次，经济复苏内生动能尚不明确。近期美国经济数据走强，是建立在不到一年时间内资产负债表从 3.8 万亿美元扩张到 7.3 万亿美元的基础之上，几乎可以看作是超级印钞机加班加点的结果。CPI、PPI 等数据也已明显高于疫情之前的水平。美联储在这种情况下依然按兵不动，除了忌惮资本市场的“上蹿下跳”之外，美国经济复苏内生动力不足恐怕是更深层次的原因。一旦政策的刺激效用消退，通胀居高不下，而经济增长仍无起色的话，美国当局恐怕要面临更为头疼的滞胀问题。

此外，疫情在全球持续蔓延使复苏前景极不明朗。二季度以来，疫情持续尤其是印度疫情失控，使全世界本已稍加松弛的神经再度紧张，对经济复苏的前景不敢妄下判断。欧委会有关人士就明确表示，（欧洲）复苏的质量、动能、持续时间仍将受到疫情影响。联合国 11 日发布报告称，由于新冠肺炎疫情的不确定性，“联合国对世界经济复苏仅表示谨慎乐观”。

（刊发于 2021 年 5 月 18 日世界经济版）

虚拟货币震荡警示全球流动性泛滥风险

比特币、以太币等虚拟货币上周出现大幅震荡，真切反映了虚拟货币交易炒作带来的负面影响。暴涨暴跌的虚拟货币更在警示，应密切关注全球流动性泛滥背后的巨大风险。

5 月 19 日，比特币价格暴跌。芝加哥商品交易所 5 月交货的比特币期货价格当天盘中最低跌至 30205 美元，与前一交易日收盘价相比下跌 30%，当天收于 39340 美元，跌幅为 8.8%。而“比特币柜台”网站数据显示，当天以太币、瑞波币、艾达币和恒星币等虚拟货币价格震荡幅度更大。

虚拟货币的暴涨暴跌已不是首次发生。有分析认为，近期震荡反映出虚拟货币市场尚不成熟、容易被消息面左右、高波动性特征十分明显等特点。更要看到，虚拟货币虽然打着“货币”旗号，但并不是由货币当局发行，不具有法偿性与强制性等货币属性，仍是一种特定的虚拟商品，其涨跌起伏与其他商品并没有本质区别。比特币等虚拟货币的出现，与国际金融危机之后欧美主要经济体货币宽松政策出台相伴而生，是全球资本追逐资产保值增值和避险需求的副产品。疫情发生以来，欧美等主要经济体纷纷推出大规模非常规财政货币政策刺激经济复苏，加剧全球流动性泛滥，推升全球通胀预期，各类资产风险更是大大提升。从这个角度看，这一轮虚拟货币的震荡是缩影也是警示信号，提醒着全球流动性泛滥背后蕴藏的各种巨大风险。

首先，全球债务规模高位运行。国际金融协会最新数据显示，截至今年一季度，全球债务规模高达全球经济规模的 360%，较去年底的 355% 进一步提升。大多数国家已对宽松货币政策形成依赖，“债多不愁”已成现实的无奈写照，未来全球债务仍将高位运行。

其次，全球通胀预期明显提升。自去年 3 月以来，美国已累计出台总额逾 5 万亿美元的经济刺激措施，近期更不断推出各种巨额刺激计划。美元泛滥推动以美元定价的大宗商品价格飙升，在全球供求并没有明显改变的情况下，玉米、大豆、小麦等食品期货以及钢铁、铜、铝等先后出现大幅上涨。流动性泛滥叠加国际游资的过度投机炒作，对价格上涨产生了推波助澜的作用。

此外，美联储政策走势成为悬在世界经济复苏头上的定时炸弹。美联储 5 月 19 日公布的 4 月货币政策会议纪要显示，部分官员认为如果美国经济强劲回升则有必要开始讨论收紧货币政策。随着近期美国通胀指标持续攀升，对于美联储政策转向的担忧明显增加，而市场也一如既往地通过“撒泼打滚”的办法尽量拖延。但是，随着通胀形势的发展，美联储政策反转的可能性不断增大。一旦发生逆转，脆弱复苏的世界经济将再次承受巨大冲击。各国应该高度重视，转变思路采取新的应对举措。

（刊发于 2021 年 5 月 25 日世界经济版）

疫情对全球复苏的威胁远未消退

近期，部分发达经济体数据有所改善，一些主要国际机构最新预测报告也看好经济复苏前景，在此局面下，部分专业人士已经开始探讨疫情拐点后的全球经济走向。不过，由于新冠肺炎疫情扩散势头并未被遏制，而部分国家又醉心于操弄病毒溯源问题政治化的把戏，疫情对全球经济复苏的威胁恐怕远未消退。

5 月 25 日，被业内视作德国经济发展风向标的伊弗商业景气指数显示，德国 5 月份商业景气指数环比显著上升，从 4 月的 96.6 点升至 99.2 点。27 日，德国市场研究机构捷孚凯报告指出，德国 6 月消费者信心先行指数环比上升。美国商务部 5 月 27 日公布修正数据显示，今年第一季度美国国内生产总值按年率计算增长 6.4%，与初次数据持平。世界贸易组织（WTO）5 月 28 日发布最新一期《货物贸易晴雨表》认为，全球货物贸易继续复苏，贸易扩张的步伐正在加快。

改善向好的数据鼓舞了市场信心。有分析指出，随着新冠疫苗接种取得进展，放松限制措施变得可能，这有助于提振关于经济增长的乐观情绪，也反映出部分发达经济体的经济正在加速恢复。一些较为乐观的分析预计，随着疫苗注射的加快以及疫情防控的强化，新兴市场国家将会加快复工复产。

不过，3 月底以来在印度暴发的新一轮疫情来势汹汹，正向周边国家渗透蔓延。截至北京时间5月31日6时30分左右，全球单日新增确诊病例411010例，新增死亡病例8653例；美国单日新增确诊病例10212例，累计死亡病例已接近61万例。

从不同角度审视，疫情的影响冲击仍在持续。

首先，变异毒株的出现增加了防控难度。5月29日，越南宣布该国发现新的新冠病毒变异毒株，它是此前在英国和印度发现的变异毒株混合体。据越南卫生部介绍，这种变异毒株混合体“非常危险”，传播性极强，能在空气中迅速传播。越南出现的新情况，反映出病毒在持续传播中进一步变异的风险仍在增加，更大大增加了各国特别是发展中国家的防控难度。

其次，疫情对产业链的影响冲击并未停止。如在发现变异毒株的越南，4月底以来在河内市、胡志明市、岘港市等主要城市出现多个本土病例，北部北江省某工业园内更是发生大规模感染新冠病毒事件，对生产造成严重影响。这一轮疫情发生以来，尤其对南亚、东南亚地区工业和经济造成较大冲击，对供应链产业链的影响还在持续发酵。

此外，个别国家对合作抗疫不太上心，却醉心于将疫情溯源问题政治化。不久前，美国总统拜登下令情报部门调查确定新冠病毒是否来自实验室事故，一些美国媒体随之推波助澜，援引不可信消息源鼓噪对中国进行再调查。分析认为，拜登政府重拾病毒溯源问题，要弄的依旧是政治炒作、抹黑甩锅的老把戏。这不仅无助于迫在眉睫的全球抗疫合作，更会让美国忽视新一轮疫情可能带来的冲击和危害，进而对世界经济复苏带来持续的不利影响。

（刊发于2021年6月1日世界经济版）

美国超宽松政策进退维谷

越来越多的迹象显示，美国的超宽松财政货币政策正陷入左右为难的境地之中：政策对经济增长的拉动作用不断减弱，持续加大的通胀压力推升政策退出预期，但市场对政策动向又高度敏感，处理不好极易引发市场动荡，真是政策用不好却又退不掉。

6 月 4 日，美国劳工部公布数据，5 月份非农部门新增就业岗位为 55.9 万个，低于市场预期的 65 万个，延续了 4 月以来数据不如预期的态势。走弱的数据纾解了市场的紧张情绪，认为这将使美联储继续延缓货币政策收紧的步调。不过有分析指出，持续走弱的就业数据，反映出天量超发的货币对美国经济的刺激作用在逐渐减弱，意味着在市场欢欣鼓舞的另一面，是美国政策失效的风险在提升。

不断增大的通货膨胀压力，是美国实施宽松政策面临的更大问题。6 月 2 日，美联储发布被称为“褐皮书”的全国经济形势调查报告显示，美国通胀压力进一步增大。供应链中断导致投入成本迅速上升，建筑业和制造业原材料价格明显上涨，销售价格也温和上涨，“未来几个月成本和销售价格可能继续上扬”。

一片看涨声中，美联储 6 月 2 日宣布，将逐步且有序地抛售通过去年疫情期间设立的“二级市场公司信贷工具”购买的公司债投资组合。这是美联储自新冠肺炎疫情后首次开始抛售公司债，引发市场关于政策变动的猜测。美联储发言人当天言之凿凿地表示，这些资产组合缩减与货币政策无关，也不是货币政策的信号。分析认为，美联储抛售公司债的举动颇有些“风起于青萍之末”的意味。在通胀预期走高的压力下，美国宽松政策收缩的概率正不断加大。不过，既要应对通胀压力，又要考虑政策收缩引发市场震荡的风险，真可谓是“老鼠钻风箱”——进退两难。

要说难，美国眼下最大的难题还是财政。

5月中旬，美国财政部长耶伦曾呼吁重新调整美国财政政策框架，结束新冠肺炎疫情和修复疫情造成的经济创伤，改变长期以来对公共基础设施和机构投资不足的局面，妥善应对日益逼近的气候变化威胁，以及改变美国面临的社会不公平现象。

在美国多个重要经济部门工作的经历，让耶伦看到了美国问题的一些症结：过去几十年来，美国可自由支配的政府支出被严重压缩，导致公共投资不足。同时，收入越来越多地流向社会最顶层，中产阶级家庭薪资停滞不前，医保、抚育儿童等成本又不断上升，造成收入不平等和贫富差距日益扩大，积累了诸多经济问题。

不过，耶伦开出的药方，无一例外地都需要海量资金，而对于已然债台高筑的美国政府而言，问题恰恰是缺钱。拜登政府虽然提出企业税改革计划，拟将企业税率从21%提高至28%，同时协调七国集团达成协议，同意将全球最低企业税率设定为至少15%，但毕竟是“远水解不了近渴”。因此，除了加税，对外兜售国债恐怕是美国眼下更现实更迫切的选择。

只不过，这个时候购买美国国债，还有什么好处呢?

（刊发于2021年6月8日世界经济版）

美国以“躺平”面对通胀风险

上周公布的月度美国消费者价格指数（CPI）创下13年来最大同比增幅。不过，美国对此反应并不强烈，倒是摆出一副“躺平”的姿态来面对不断高涨的通胀风险。

6月10日，美国劳工部数据显示，经季节性调整后，5月份CPI同比增长5%，创2008年8月以来最大同比增幅。具体看，5月份美国CPI环比上涨0.6%，表明美国通胀压力仍在上升。而剔除食品和能源价格后，核心CPI环比增长0.7%，同比增长3.8%，这也是该指标自1992年6月以来最大同比增幅。

尽管美国通胀指标近期快速攀升，超过预期，但美联储官员依然多次表态称“美国通胀率将在今年晚些时候回落”。这种引导对市场产生不小影响。5月份CPI数据公布后，美股市场反应相当平静，三大股指甚至小幅收高。美国投资者普遍认为，当前通胀高企是暂时现象，主要是新冠肺炎疫情严重冲击，以及供应链受到影响所致，“这意味着当前的通胀上升将是过渡性的”。当然，也有人不认同美国当局和市场这种态度。有分析指出，一旦通胀走高，就很难在不引发经济衰退的情况下加以控制。美国银行首席经济学家米歇尔·迈耶近日表示，若将近期所有的通胀问题均视为“暂时出现”，并不合情理。

美国对通胀风险近乎无动于衷的背后，有着复杂的原因。

首先，美国眼下最看重的目标是促增长而非稳通胀。美联储去年8月份宣布的新货币政策框架就表明，美联储会容忍通胀率“适度”高于2%“一段时间”，以实现2%的平均通胀率目标。从美国当局此后的各种公开表态来看，其心里打的算盘多半还是用天量的债务规模以及通胀指标的稳定当本钱，去豪赌宽松政策能够刺激美国经济尽快恢复内生动力。

其次，美国当局高度忌惮资本市场的反应。去年以来，只要有关于退出宽松政策的“风吹草动”，美国资本市场定会“就地躺倒”，这让美国当局投鼠忌器。似乎也是看到了美国当局的“软肋”，美国市场愈加肆无忌惮地推升资产泡沫。短期投机收益显著的同时，美国经济的滞胀格局正在逐渐形成。

再次，美国解决通胀问题的经济手段基本用尽。2008年以前，美联储的资产负债表只有8000多亿美元，最新数据显示如今这一金额已超过8万亿美元，而且美国联邦债务与GDP之比已超过二战时期创造的最高纪录。这正如有关人士在上周召开的陆家嘴论坛上所指出的，“当财政支出已经在很大程度上靠中央银行印钞来支撑时，就像一架飞机在空中进入自转旋涡，很难由自己顺利改飞出来”。进一步看，则更需要高度警惕美国动用非经济手段来解决通胀问题。

值得指出的是，美国当局正利用美元作为全球主要储备货币的优势地位，将滥发货币的成本向全球转嫁。面对美欧开闸泄洪产生的溢出效应，“新兴市场经济体和发展中国家不得不采取痛苦的应对举措。俄罗斯、土耳其、巴西央行已启动加息，有的发达经济体也开始释放收缩信号”。

在过去几十年，这一幕反复上演，让人不得不思索更深层次的问题：为了应对通胀，全球货币体系该如何改革？全球主要储备货币该如何承担其应有的责任？继白银、黄金和石油之后，全球储备货币是否需要新的锚定物呢？

（刊发于 2021 年 6 月 16 日世界经济版）

变异毒株成经济复苏最棘手难题

上周，美联储货币政策会议引发对提前收紧宽松政策的忧虑，资本市场也随之波动。不过，与美国政策变动相比，眼下全球复苏面临的最棘手问题，恐怕还是新冠病毒变异毒株这头“灰犀牛”。

6 月 16 日，美联储结束为期两天的货币政策会议。会后声明在宣布维持利率水平不变的同时，大幅上调今年美国通货膨胀率增长预期至 3.4%。会后发布的经济预测显示，美联储官员对 2023 年年底前联邦基金利率中值的预测升至 0.6%，较 3 月份的水平大幅提升。种种“鹰派”信号加剧了市场对政策收紧速度快于预期的担忧，纽约股市三大股指 16 日均收跌。

值得注意的是，美联储重申经济前景将在很大程度上取决于疫情发展，但又表示“疫苗接种方面的进展可能会继续减少公共卫生危机对经济的影响”。分析认为，美联储在疫情对经济的影响方面看得明白，但对该国疫苗接种的情况却显得有点乐观。美国近期疫苗接种速度持续放缓，“到 7 月 4 日前让美国 70% 的成年人接种至少一剂新冠疫苗”的目标恐怕难以实现。而从全球范围来看，变异毒株对经济复苏的负面影响正在不断增大。美国疫情的最终走向以及对经济复苏的影响依然不明。

6 月 18 日，世界卫生组织首席科学家苏米娅 · 斯瓦米纳坦表示，最早发现于印度的新冠病毒德尔塔（Delta）变异株的传播能力显著增强，已经扩散到全球80多个国家，该毒株正成为导致目前全球新冠肺炎疫情的主要致病变异株，而且仍在持续变异中。在美国，新增病例中感染德尔塔变异株的比例，在一周之内从6%上升至10%；在英国，该变异株的感染人数急剧上升，已占英国新增病例的六成以上，17日至19日更是连续3天确诊病例过万。发达国家尚且如此，更遑论广大缺医少药的发展中国家。

变异毒株的快速扩散至少从两方面给人以警醒。

一方面，单纯把疫苗接种当作“灵丹妙药”的做法不利于抗疫。从美西方乃至于印度等国防控情况看，有些过于强调疫苗接种的重要性，但实际情况表明，只有在采取严格防疫管控措施的同时加快疫苗接种，才能真正有效地遏制病毒传播。如英国已有超过一半的成年人完成两剂疫苗接种，但由于管控不到位，目前已经出现第三波疫情的迹象。

另一方面，彻底战胜疫情不可能在个别国家或地区单独实现。疫情暴发以来，美国对全球合作抗疫并不太上心，尤其在疫苗的生产、获取和分发方面十分自私，甚至痴迷于将疫情溯源问题政治化。凡此种种，都是目光极度短浅的表现，不仅无助于迫在眉睫的全球抗疫合作，更会让美国忽视变异毒株可能带来的冲击和危害，进而威胁脆弱的世界经济复苏进程。毕竟，在疫情面前没有哪个国家能够独善其身。

（刊发于2021年6月22日世界经济版）

发展中国家遭受通胀和疫情双重煎熬

就在美国雄心勃勃地推进巨额基建计划、欧洲各国稳步落实经济复苏的同时，非洲、拉美等地广大发展中国家却正在欧美发达经济体输出的通胀和持续蔓延的新冠肺炎疫情之中备受煎熬。这种局面一旦持续下去，将造成全球增长出现两极分化，进而拖累全球复苏。

6月23日，欧盟委员会主席冯德莱恩宣布法国经济复苏计划获得欧盟批准。该计划涉及资金总额1000亿欧元，其中近400亿欧元为欧盟提供的拨款。而在这之前的一周内，已有葡萄牙、西班牙、希腊和丹麦4个欧盟成员国的经济复苏计划获得欧盟批准。持续宽松的货币政策恰如一剂剂强心针，刺激着欧洲经济复苏，欧洲央行行长拉加德在6月21日预计，欧元区经济第二季度将加速复苏。

6月24日，美国白宫与国会两党10名参议员就一项大规模基础设施建设计划达成部分一致，同意在未来8年支出1.2万亿美元用于基建，其中5790亿美元为新增联邦支出，白宫将继续争取两党对更大范围基建的支持。

分析指出，资金来源是美国巨额基建计划面临的最大难点。以美国目前的财政情况和基建能力来看，并不具备实施如此规模基建计划的基本条件。与其给该计划渲染各种亮丽的色调，不如说这是美国政府推行宽松政策“借新债还旧债”中的一环罢了。

应当看到，无论是欧洲还是美国，尽管面临宽松政策效用递减、退出困难，以及疫情反复干扰经济复苏等问题，但毕竟尚有腾挪余地。真正遇到麻烦的，是非洲、拉美、亚洲等地的广大发展中国家。

一方面，美国等发达经济体实施超宽松货币政策正在推高全球通胀，使得许多国家以牺牲经济复苏为代价，被迫加息以对抗通胀。今年以来，巴西、俄罗斯、土耳其等国持续加息，一个重要原因就是为了抑制大宗商品价格快速上涨带来的通胀，对抗本币贬值。国际货币基金组织发言人格里·赖斯6月24日表示，确实存在通胀比预期更严重、更持久的风险，这些风险不能被轻视。

另一方面，一些发展中国家无力阻止疫情的持续蔓延。6月24日，世卫组织非洲区域办事处表示，新冠肺炎确诊病例在非洲部分国家出现激增的情况，而新冠疫苗缺口仍然巨大，非洲大陆的抗疫形势面临巨大的挑战。而在巴西，疫情曲线在6月出现上升趋势，新增确诊和死亡病例数均出现大幅度上扬。

更大的风险是，美欧等发达经济体既不在意自身宽松政策的负面影响，也不在意广大发展中国家在疫情方面急需的帮助，仿佛这个世界能天然地分隔成贫富两部分而互不影响，仿佛疫情只会在发展中国家停留而不会进一步蔓延。这种短视行为，在加剧发展中国家困难的同时，也会拖累全球复苏，害人又害己。

（刊发于2021年7月3日世界经济版）

同世界上一切进步力量携手前进

隆重庆祝中国共产党百年华诞，是上周举世瞩目的大事。7 月 1 日的庆祝大会回顾历史，展望未来，强调“中国共产党关注人类前途命运，同世界上一切进步力量携手前进”，充分展现出中国支持和践行真正的多边主义的坚定立场和决心。

当前，多边主义正遭受着前所未有的挑战：一方面，多边主义发展长期受到霸权国家制约，权威不充分、有效性不足，不断被边缘化，以致多边机制赤字不断增加、单边主义愈演愈烈、“退群”“弃约”频频上演。另一方面，形形色色的“伪多边主义”轮番登场，从集团政治和冷战思维出发，借多边之名行单边之实。

对此应当看到，多边主义不是冠冕堂皇的口号，也不能成为推行单边行径的包装。更需要清醒认识到，什么才是世界需要的真正的多边主义。

真正的多边主义，离不开联合国，离不开国际法，也离不开各国合作。各国应该按联合国宪章宗旨和原则办事，不能搞单边主义、霸权主义。在全球疫情形势依然严峻，经济复苏分化明显的当下，各方对当今世界发生的对抗冲突和治理困境的根源有了更深层次的认知。7 月 3 日，国务委员兼外交部部长王毅在第九届世界和平论坛开幕式上就此指出，追根究底，还是在于多边主义的理念没有得到有效维护，以联合国宪章为基础的国际准则没有得到充分尊重。

真正的多边主义，应当坚持开放包容、反对封闭排他。多边主义的要义是国际上的事由大家共同商量着办，世界前途命运由各国共同掌握。搞“小圈子”“新冷战”，搞封闭排他、脱钩断供，都绝不是多边主义。摆脱意识形态偏见，最大程度增强合作机制、理念、政策的开放性和包容性，共同维护世界和平稳定，才是多边主义的价值所在。

真正的多边主义，坚持合作共赢，反对零和博弈。多边主义的目标是实现共同繁荣。它不是某些国家用来收割世界财富的游戏规则。那些将本国利益置于全球利益之上，不尊重多样性，试图割裂世界，搞唯我独尊的行为，最终只会反噬其身。更何况，疫情面前没有一个国家能够独善其身。各国应积极参与疫苗国际合作，大国尤要发挥表率作用，带头提供全球公共产品，维护多边主义在抗击疫情、经济恢复和可持续发展中的积极作用。

在严峻的现实面前，维护多边主义、加强沟通协作的呼声正变得更加强烈。6 月 29 日，二十国集团外长和发展部长在意大利南部城市马泰拉举行的会议上强调，在应对疫情后经济复苏、国际贸易、气候变化等全球性挑战时，应该协调行动，“国际社会应采取多边行动，应对全球性挑战”。

维护并践行真正的多边主义，是解决当今世界错综复杂问题、有效应对各类挑战的正确方向，也是真正实现持久和平与共同安全的必由之路。站在新的历史起点上，中国将继续做世界和平的建设者、全球发展的贡献者、国际秩序的维护者，与各方一道，奉行真正的多边主义，共建人类命运共同体。

（刊发于 2021 年 7 月 6 日世界经济版）

英国全面解封或带来巨大风险

上周，英国政府因宣布英格兰地区即将全面解封而遭到批评。英国防疫政策的变化，反映出一些西方国家政府的抗疫政策“选情重于疫情”的本质。一旦英国全面解封政策落地，疫情不仅不会被遏制，恐怕还有进一步蔓延的风险。

7 月 5 日，英国政府公布英格兰地区最后阶段“解封”计划，拟于 7 月 19 日起取消佩戴口罩、保持社交距离、居家办公以及室内活动的人数限制等措施。尽管英国政府表示将根据疫情评估于 12 日正式确认是否实施解封，但该计划依然受到广泛批评。有英国媒体形容这是“一场豪赌”，称“向新冠病毒‘投降’的行为不可原谅”。新就任的英国卫生大臣也承认，解封后的英国将进入“未知领域”。

分析认为，英国近期正在遭受新冠病毒德尔塔变异毒株的冲击，单日新增确诊病例数也维持在 2 万 ~3 万的高位。这种情况下提出解封，看似不可理喻，实则因循了英国约翰逊政府一直以来的抗疫思路。

去年疫情暴发后不久，英国首席科学顾问帕特里克 · 瓦朗斯即抛出“群体免疫”理论，期待通过容忍疫情缓慢发展，使大部分人在隐匿性感染后无症状或仅有轻微症状，从而在人群中获得普遍免疫以控制疫情。这反映出英国政府不愿承担因严格抗疫举措影响经济复苏的风险，也担心引发民众不满，“选情重于疫情”的背后是难以逾越的体制桎梏。英国也因此错失阻止疫情蔓延的最佳时机。

眼下英国提出全面解封，仍是去年抗疫思路的延续。看上去条件似乎已成熟：目前，英国成年人口中超过 86% 已接种一剂新冠疫苗，超过 64% 完成两剂疫苗接种，而近期疫情中的死亡病例数也有所降低。同时，英国近期接连爆发反封锁抗议活动，部分行业要求解封呼声日涨。不过，如果综合评估当前全球的抗疫形势，不难看出英国全面解封可能带来的风险。

一方面，新冠病毒德尔塔变异毒株在全球的蔓延势头并未消退。马来西亚卫生部 8 日公布的数据显示，该国当天新增死亡病例 135 例，创疫情暴发以来单日新增死亡病例数新高，累计确诊病例数也突破 80 万。9 日，韩国宣布将把首都圈防疫响应上调至最高级别第四级，为期两周。11 日，美国财政部长耶伦在二十国集团财长和央行行长会议后表示，美国“非常”担心新冠病毒变异毒株可能会危害到经济复苏。从这些情况看，疫情对全球的威胁可能进一步提升，在缺乏严格管控的情况下，英国难以成为世外桃源，有关数据恐怕还会继续上升。

另一方面，疫情在英国国内蔓延的势头未被遏制，存在变异风险。从英国政府公布的数据看，5 月初，英国单日新增确诊病例数还只是 1000~2000 多例的水平，目前已蹿升至 2 万 ~3 万的高位。在这种情况下解封，恐怕只会助长疫情蔓延，甚至为病毒的进一步变异提供条件。万一真出现新的变异毒株，那势必会给全球特别是发展中国家带来更大风险。在这方面印度已有前车之鉴，作为与印度关系密切的国家，英国尤其需要引以为戒。

（刊发于 2021 年 7 月 13 日世界经济版）

美联储被通胀压力逼到墙角

尽管6月份美国消费者价格指数（CPI）创下新的涨幅纪录，尽管7月份美国消费者信心指数远低于市场预期，美联储主席鲍威尔依然在上周坚称“导致价格上涨的因素是暂时性的”。不过，伴随着美国疫情抬头，市场的通胀预期不断增加，美联储已被逼到墙角——收紧货币政策的压力正在变得越来越大。

美国劳工部13日发布数据显示，6月份美国CPI环比上涨0.9%，是2008年6月份至今最大环比涨幅。数据还显示，当月CPI同比上涨5.4%，剔除食品和能源价格后的核心CPI同比上涨4.5%，是1991年11月份以来最大同比涨幅。16日，美国密歇根大学调查显示，7月份美国消费者信心指数为80.8，远低于市场预期，表明消费者对通胀上升感到担忧。

不过，这似乎都改变不了美联储的淡定姿态。鲍威尔14日出席国会听证会时表示，当前美国经济面临的通胀压力较美联储早前预计的更高，但导致价格上涨的因素是暂时性的，美国不会出现恶性通胀。

鲍威尔的表态自有道理。美联储在半年度货币政策报告中强调，新冠肺炎疫情导致的劳动力短缺和供应链瓶颈制约美国经济复苏，造成通胀压力暂时加大。有分析认为，美联储用于解释“通胀是暂时性”的理由，无意中印证了通胀并不会那么快地消失。

首先，“供应链瓶颈”反映出美国长期存在的制造业衰退问题。去年疫情暴发后，美国政府通过史无前例的宽松政策释放天量流动性提振经济，短时间内迅速刺激美国国内需求增长，但美国企业却没有相匹配的生产能力，供需失衡的矛盾反映在价格信号上，便形成了美国 CPI 不断创下新纪录的奇观。这正如美联储报告所描述的那样——“制造商无法扩大生产以满足经济重启的需求增长”，“供应链瓶颈何时得以解决尚不能确定”。

其次，“劳动力短缺”背后是结构性变化。目前美国劳动参与率维持在 61.6%，比 2020 年 2 月份低 1.7 个百分点。有分析指出，一方面，拜登政府的失业救济福利覆盖范围扩大、时间延长且额度增加，促使更多人退出劳动力市场；另一方面，美国一些地区最低工资有所提升，给通胀带来结构性影响。同时，退休人数激增、育儿压力增加等因素拖累了劳动参与率增长。美联储 14 日发布全国经济形势调查报告（褐皮书）显示，部分企业因缺乏劳动力而推迟扩张或缩减服务规模，“多数企业预计，未来几个月投入成本和销售价格将进一步攀升”。

此外，美国国内疫情反弹大大提升经济复苏的难度。7 月份以来，美国新增新冠确诊病例、死亡病例数持续上升，疫情呈反弹迹象。有分析指出，美国疫情反弹与新冠变异病毒德尔塔毒株在全美的快速传播、疫苗接种率的滞后以及美国人夏季社交活动的增加有关。如果在美国国内引发新一轮疫情，将打击本已迟缓的经济复苏，甚至可能进一步引发“滞胀”。

对这些问题，美联储或许心知肚明，但为了提振复苏信心，依然要坚持“通胀是暂时性的”口径。不过，鲍威尔在国会听证会时也留下活话："如果高通胀持续并影响到通胀预期，美联储也会毫不犹豫地以合适的方式调整政策。"

由此看来，在7月底召开的美联储议息会议上，讨论政策收缩的概率恐怕不小。毕竟，通胀一旦抬头成气候，再想往回收就不那么容易了。

（刊发于2021年7月20日世界经济版）

欧美经济复苏的最大障碍是傲慢与偏见

欧美地区疫情近期出现较大范围反弹，经济复苏前景面临严峻挑战。变异毒株正在掀起新一轮疫情，但是欧美经济复苏的最大障碍却是一些政客的傲慢与偏见。

7 月 23 日，美国疾病控制和预防中心每周疫情报告显示，目前全美近 90%的地区新冠确诊病例数正在攀升，新增确诊病例、住院病例、死亡病例等核心指标再次反弹。美国国家过敏症和传染病研究所所长安东尼·福奇 7 月 25 日表示，美国正沿着“错误方向”发展。

欧洲的情况也不乐观。目前，欧洲成为全球首个累计新冠确诊病例超过 5000 万例的地区，单日新增确诊病例屡创新高。欧洲疾病预防与控制中心（ECDC）甚至预计，到 8 月 1 日，在欧盟及欧洲其他经济区，过去 14 天内每 10 万人口平均新增感染数将达到 420.4 例，每百万人口的死亡数将达到 7.2 例。

疫情反弹给经济政策带来冲击。欧洲央行 7 月 22 日召开货币政策会议，决定调整关于政策利率的前瞻性指引，强调欧元区货币政策将保持宽松以实现调整后的中期通胀目标。有分析指出，欧洲央行此举主要是为了应对变异病毒对复苏的威胁。

不过，回顾欧美一些国家疫情暴发以来的种种举措，不难看到，正是对科学防疫、合作共赢以及其他国家抗疫成果的傲慢与偏见，构成了欧美经济复苏的最大障碍。

首先，对科学防疫的傲慢与偏见，导致疫情屡经反复。疫情暴发以来，美欧一些国家迟迟不肯推出严格防疫举措，错失了中国付出巨大牺牲和代价换来的在全球阻断疫情的最佳时机。而在新冠疫苗问世后，又单纯把疫苗接种当作万能的“灵丹妙药”，在变异毒株冒头而疫情未得到根本扭转的情况下着急“解封”，致使疫情再度反复，也将西方民众抗疫的心气消磨殆尽，欧美一些政客嘴里的经济复苏“大饼”变得越来越遥不可及。

其次，对合作共赢的傲慢持续拖累全球复苏。非洲、拉美、亚洲等地的广大发展中国家的麻烦比欧美等国大得多。美国等发达经济体实施超宽松货币政策正在推高全球通胀，使得许多国家以牺牲经济复苏为代价，被迫加息以对抗通胀。一些发展中国家更无力阻止疫情的持续蔓延。不过，面对全球加强合作的呼吁，美欧等发达经济体既不在意自身宽松政策的负面影响，也不在意广大发展中国家在疫情方面急需的帮助，致使全球增长出现两极分化的态势。

此外，对他国抗疫成果的傲慢与偏见，更反映出欧美一些人的偏狭。疫情暴发以来，中国在极度困难的情况下，不仅迅速控制疫情蔓延，在主要经济体中率先实现经济复苏，更已累计向 200 多个国家和地区提供超过 3000 亿只口罩、37 亿件防护服、48 亿人份检测试剂盒，对外提供的疫苗也已经超过 6 亿剂，为全球抗疫斗争持续作出重要贡献。然而，美国却出于政治私利和偏见，大搞疫情污名化、病毒标签化、溯源政治化。这种毫无底线的恶劣行径，是对人类生命健康的公然漠视。尤其具有讽刺意味的是，美国一些政客一面享受着中国为全球抗疫提供的公共产品，一面却忙不迭地给中国泼脏水，这种行为只怕连他们的上帝都不会原谅吧。

（刊发于 2021 年 7 月 28 日世界经济版）

疫情控不住　经济起不来

新冠变异病毒德尔塔毒株上周在全球出现加速传播态势。在这种局面下，欧美一些国家在评估疫情影响时仍然采取自欺欺人的态度，同时对如何加强防疫含糊其词，经济复苏前景着实堪忧。

7 月 30 日，世界卫生组织（WHO）对外表示，过去一周全球新增新冠确诊病例接近 400 万例，如果按此趋势发展，未来两周全球累计确诊病例数将超过 2 亿例。据介绍，病例数据的快速上升在很大程度上是由高传染性的德尔塔毒株引起的。7 月 31 日，美国疾病控制和预防中心数据显示，30 日当天全美报告新增病例数突破 10 万例，是今年 2 月 7 日以来的单日增幅最高纪录。目前，德尔塔毒株已在至少 132 个国家和地区出现，美洲、欧洲、亚洲、非洲和大洋洲等多个国家和地区疫情卷土重来甚至再现疫情高峰。

不过，在欧美一些国家的经济评估中，肆虐全球的德尔塔毒株似乎不太令人在意。

如荷兰国际集团日前表示，随着疫情防控措施逐步放松，欧洲主要经济体状况有所好转。该机构预计，尽管新冠变异病毒德尔塔毒株蔓延仍在继续，供应链紧张状态也将持续对欧洲经济构成风险，欧洲经济在今年第三季度仍将保持增长势头。有关预测显然低估了德尔塔毒株疫情的发展，荷兰近期已宣布收紧防疫措施，而法国已经在考虑重新采取宵禁等措施，病毒在欧洲多国正迅速扩散，对经济复苏的影响远未消退。

与欧洲相比，美国人的心还要更大一些。7 月 29 日，美国商务部数据显示，今年第二季度美国实际国内生产总值（GDP）按年率计算增长 6.5%，远低于市场普遍预期的 8%~10%。7 月 30 日数据显示，6 月核心个人消费支出（PCE）价格指数同比上涨 3.5%，创近 20 年来最大同比涨幅。有分析指出，在超宽松政策的持续放水之下，美国经济增速放缓同时通胀高企，其中的重要原因在于疫情肆虐对美国经济活动的持续扰动。不过对美联储的决策者而言，疫情似乎从来就不是问题。7 月 28 日议息会议结束后，美联储再次将通胀率上升归因于疫情带来的“暂时性”因素。只不过，这个“暂时性”因素已经困扰美国一年多了。

应当看到，眼下德尔塔毒株在欧美乃至全球的肆虐，其中“人祸”因素不可忽视：疫情暴发至今，欧美一些国家自始至终就没有认真对待过疫情防控问题。比如，戴口罩和接种疫苗已被证明是遏制新冠病毒传播的有效方式，然而在美国这两项举措却与政治议题深度挂钩，在执行和不执行之间几经反复，最终使得德尔塔毒株在美国掀起新一轮大范围传播。又如，所谓“群体免疫”的理论在疫情防控进程中尚无任何成功例证，却被英国一些人奉为圭臬，忙不迭地在国民身上试验，而全然不顾人命关天的基本道义。

一年前，多名美国经济学家在接受国会联合经济委员会咨询时就不约而同地指出，治愈美国经济的当务之急是控制疫情蔓延。结果有关建议在上届美国政府那里成了耳边风，在本届美国政府这里却迟迟落实不到位。一年多后回看，疫情控不住，经济起不来，这话还真没错。

（刊发于 2021 年 8 月 3 日世界经济版）

曲解“与病毒共存”代价沉重

全球新冠确诊病例上周突破2亿例，席卷全球的德尔塔毒株迫使部分地区防疫政策再度收紧。对“与病毒共存”有意或无意的曲解，正让一些始终未曾严肃认真防控疫情的国家付出沉重代价。

8月5日，世界卫生组织实时统计数据显示，全球新冠确诊病例超过2亿例。世卫组织4日表示，全球范围内新冠肺炎感染病例近一个多月持续上升，仅在（4日前）一周内就报告超过400万例新病例。

此轮疫情中，欧美疫情大规模反弹尤其令人关注。在欧洲，德尔塔毒株加速传播，德国、法国、意大利、西班牙等国在8月初纷纷扩大新冠通行证适用范围，加强在公共场所的限制措施。在美国，美疾控中心6日发布报告显示，美国大部分地区新冠病毒社区传播严重，“新增确诊病例、死亡病例、住院病例在不断上涨”。不仅如此，“拉姆达”变异毒株也正在美国部分地区蔓延开来。

眼下，将欧美此轮疫情归咎于病毒变异的观点颇有市场。不过有分析指出，所谓“病毒变异论”本质上是种倒果为因的解释。正如世卫组织专家不久前表示，当前的疫苗对德尔塔变异毒株仍然有效，“一些国家和地区出现疫情反弹不是疫苗没有发挥作用，而是在社交限制措施等方面放松了警惕”。

又岂止是放松了警惕呢？！

疫情暴发至今，欧美一些国家不仅错失了中国付出巨大牺牲换来的在全球阻断疫情的最佳时机，又在严格疫情防控问题上左右摇摆，用“与病毒共存”的旗号来掩饰“选情重于疫情”的算计，更在新冠疫苗问世后，单纯把疫苗接种当作“万能药”来误导舆论，在变异毒株冒头时着急“解封”，致使疫情再度反复，将西方民众抗疫心气消磨殆尽。

以当下全球疫情发展态势看，病毒或将与人类较长时间共存。但是，与病毒共存绝不是放任病毒不管，不能像一些国家那样单纯寄希望于疫苗，防控措施却形同虚设，而应该坚持广泛接种疫苗和疫情防控并行，戴口罩、勤洗手、保持距离、减少聚集、隔离等措施放松不得。尤其是在全球疫情没出现实质性转变的时候，绝不能以“与病毒共存”的借口放松疫情防控，以免波及已有的防疫成果。

如果打着“与病毒共存”的旗号放任疫情恶化，不仅会给全球公共卫生体系造成巨大压力直至崩溃，同时也可能产生新的风险不可知的毒株，进而使本来就不稳定的世界经济复苏进程偏离既有轨道。IMF 首席经济学家吉塔·戈皮纳特不久前警告，变异新冠病毒持续传播可能令世界经济复苏“脱轨”，或将导致全球经济产出到 2025 年累计损失约 4.5 万亿美元。

要防疫还是要经济复苏？这是疫情发生以来一直困扰许多国家的难题。不过时至今日，一些国家已经用沉重的代价给出了答案：没有落实严格防疫，实质性的经济复苏不过是镜花水月。

（刊发于 2021 年 8 月 10 日世界经济版）

严防疫情的中国与世界联系更紧密

上周，德尔塔变异毒株疫情在全球蔓延势头不减，对世界经济负面影响进一步加深。同时，中国严格防控举措的积极作用逐渐显现，中国与世界的联系正变得更加紧密。

这一轮疫情反弹在美国表现得尤为突出。8 月 10 日，美国约翰霍普金斯大学数据显示，美国累计新冠确诊病例突破 3600 万例，占全球确诊病例数近 20%。此前，美国国家卫生研究院院长弗朗西斯·柯林斯表示，美国在遏制感染德尔塔毒株的新冠病例激增问题上“失败”，并且“现在正在付出可怕的代价”。

有分析指出，美国国内抗疫一直受到政治因素干扰，导致对强制疫苗接种或戴口罩的态度两极分化严重，这也是美国抗疫失败的重要原因之一。不过，美国毕竟囤积了大量疫苗，也具备相当的医疗实力。相比之下，从非洲、东南亚再到南美，大量发展中国家缺乏足够的医疗手段和疫苗，经济面临的冲击更加严重。

非洲疾病预防控制中心公布的数据显示，截至 8 月 10 日，非洲只有约 1.56% 的人口完成新冠疫苗接种。在东南亚，新一轮疫情暴发使该地区制造业陷入困境，扰乱橡胶手套、半导体和运动型多用途汽车等商品的全球供应。在巴西，整个制造业仍然受到疫情影响，相关限制措施造成产量下降、原材料获取困难和生产成本上升。

与欧美等国对发展中国家袖手旁观，援助“口惠而实不至”的情况不同，疫情没能成为阻断中国与世界的危机，反而在中国严控疫情的不断努力下，成为中国密切与世界联系的契机。

首先，中国外贸外资增势持续稳定。疫情的持续反复导致国际市场出现了巨大的供需缺口，这种局面下，中国因严控疫情而快速恢复生产能力，让中国的供应链体系快速适应国际市场需求变化，满足了各国各地区防疫和生产生活需要。中国商务部10日数据显示，1月至7月，我国进出口、出口、进口同比分别增长24.5%、24.5%、24.4%，增速均为10年来新高。7月当月，进出口3.27万亿元，规模仅次于6月，为历史单月次高。同时，今年上半年，中国实际使用外资6078.4亿元，同比增长28.7%，较2019年同期增长27.1%。

其次，中国与主要经济体之间的经贸往来更加密切。欧盟统计局13日公布的数据显示，中国继续保持欧盟第一大贸易伙伴地位。中国商务部数据显示，前7个月我国对美国、欧盟、日本等传统市场出口合计增长22.6%。同时，与新兴市场贸易合作不断深化，对东盟、拉美、非洲等新兴市场出口合计增长26.5%，拉高整体出口增速13个百分点。多家欧洲跨国公司近期出炉的半年报显示，从汽车市场到日用消费品领域，上半年均在中国市场继续取得不俗业绩。

此外，中国为全球防疫的贡献在不断加深。有外媒统计各国承诺捐赠及实际交付新冠疫苗数量后发现，中国捐赠疫苗数量大幅领先世界其他国家。目前，中国已承诺今年年内将努力向全球提供20亿剂疫苗。不仅如此，中国部分疫苗研发单位与20余个国家的相关机构合作开展Ⅲ期临床试验，还积极支持对广大发展中国家豁免新冠疫苗知识产权。在世界更加需要中国的时候，中国没有辜负世界。

（刊发于2021年08月17日世界经济版）

美联储年内缩减购债变数不小

上周公布的一份会议纪要显示，早在7月底美联储就已开始讨论年内缩减购债。然而仅仅一个月之后，德尔塔毒株疫情的蔓延以及持续的通胀压力使美国经济不确定性再度提升，美联储年内能否缩减购债依然存在不小变数。

8月18日，美联储公布7月货币政策会议纪要显示，多数美联储官员认为，美国经济已经朝着物价稳定目标取得进一步的实质性进展，并接近达到美联储设定的充分就业目标。如果未来美国经济增长符合预期，那么今年开始缩减购债“可能是适当的”。去年疫情暴发后，美国采取超宽松财政货币政策刺激经济复苏，不惜容忍通胀率“适度”高于2%“一段时间”，全力促进经济增长与就业。一年多来，美联储持有的政府债务显著攀升，财政部平衡预算理念被打破，债务利息负担可持续成为更重要的指标……有关举措寄望用天量债务规模以及通胀指标稳定作为代价，使美国经济复苏取得“实质性进展”。

分析指出，美联储此时释放政策收缩的讯号，受到正反两方面的因素影响较大。

从正面因素看，就业数据的修复给美联储收缩货币政策多少增加了几分信心。如美国最为看重的就业指标近期回升，美国7月失业率环比下降 0.5 个百分点至 5.4%，当月美国非农业部门新增就业人数为 94.3 万，高于市场普遍预期。美国 7 月劳动参与率环比增至 61.7%，已接近疫情暴发前水平。

从负面因素看，美国通胀数据持续高企，而美联储货币政策效用正在降低，缩减购债压力不小。7 月美国消费者价格指数（CPI）同比上涨 5.4%，涨幅与 6 月持平，表明美国通货膨胀压力不减。不仅如此，8 月 19 日，美联储隔夜逆回购规模达到前所未有的 1.116 万亿美元，而这种万亿美元量级的逆回购规模已经保持了一周。如果美联储继续保持每个月 1200 亿美元的购债规模，只能加剧美国金融市场流动性泛滥。

然而，美联储想要在年内开始缩减购债并非易事。

一方面，美国当局高度忌惮资本市场反应。去年以来，只要有关于退出宽松政策的“风吹草动”，美国资本市场定会“就地躺倒”，甚至部分经济数据回升都被解读为政策收紧的信号，进而导致市场波动。这让美国当局投鼠忌器，反过来又助长了美国市场愈加肆无忌惮推升资产泡沫的气焰。

另一方面，正在美国蔓延的德尔塔毒株疫情严峻，对经济和通胀可能带来更严重的影响。18 日，美国疾控中心预测，美国在截至 9 月 11 日的一周内可能会出现 56 万到 225 万新感染病例。该中心甚至强调，根据过去几周的经验，这些预测数据可能偏保守。也是在 18 日，高盛宣布将美国三季度 GDP 增长预期从此前的 8.5% 大幅下调至 5.5%，同时将 2021 年全年 GDP 增长预期从此前 6.4% 下调至 6%。高盛警告，德尔塔毒株疫情对经济和通胀的影响比预期更严峻。不难想见，如果疫情对经济复苏带来严重冲击，美联储在收紧货币政策问题上将更加犹豫不决。

现阶段的美国经济数据并不难看，但这个数据是通过史无前例的超宽松货币政策刺激得来的，如果德尔塔毒株疫情再度带来严重冲击，美国即将面临经济政策工具难以为继的窘境。一旦这种情况出现，全球要警惕的恐怕就不仅仅是美国经济对世界的负面影响，更需要高度防备美国动用非经济手段来解决其自身的经济问题。

（刊发于 2021 年 8 月 24 日世界经济版）

“向东看”仍是欧洲经济最优解

尽管欧洲经济在今年第二季度出现较快增长，但是最新情况表明，新一轮疫情正在阻碍欧洲经济复苏，美国货币政策走势更让全球市场提心吊胆。不过，欧洲与中国的经贸往来依然保持稳健增长，在疫情和政策多重不确定因素交织的背景下，“向东看”依然是欧洲经济复苏的最优解。

8 月 23 日，市场研究机构埃信华迈（IHS Markit）发布数据显示，8 月欧元区制造业和服务业 PMI 初值从 7 月高位回落，德国和法国的制造业、服务业 PMI 均低于上月水平，而德国制造业 PMI 初值为 6 个月来的低点。同时，英国 8 月服务业和制造业 PMI 创今年 2 月份以来最低水平。

数据反映出欧洲复苏再度遇到麻烦。眼下，欧元区乃至英国经济增长尚处景气区间，但是势头已较上半年放缓，新冠肺炎疫情反弹、疫苗接种进度放缓、制造业中间产品供应瓶颈等因素给经济带来压力，也影响了消费者信心。尤其值得注意的是，英国经济在解除封锁之后一度短暂反弹，但在 8 月大幅放缓。有分析认为，造成英国目前局面的根本原因仍是疫情——英国防控措施已降至疫情以来的最低水平，但近期每日确诊病例数一直在 2 万至 3 万的高位徘徊，对普通消费者各项支出造成阻碍，同时也加剧了劳动力和供应短缺，进而打击经济增长。

疫情影响着欧洲复苏，也困扰着美国这个欧洲传统经贸伙伴的政策走向。8 月 27 日，美联储主席鲍威尔在杰克逊霍尔经济政策论坛上表示，美联储今年可能开始缩减购债规模，同时将仔细评估德尔塔毒株疫情的风险。有分析认为，鲍威尔的谨慎表态某种程度上反映出美国面临的严峻形势，美联储仍需更多时间来评估近期疫情反弹对美国经济和就业形势的影响，而美国不确定的政策走向对复苏中的欧洲仍具有相当程度的风险。

真正能给欧洲提供稳定预期的国度，是中国。欧盟统计局近日数据显示，今年上半年，欧盟向中国出口商品 1126 亿欧元，同比增长 20.2%；从中国进口商品 2101 亿欧元，同比增长 15.5%，继续保持稳健快速增长。英国国家统计局数据则显示，第一季度中国超过德国成为英国最大的单一货物进口来源国。疫情还让中欧班列对密切中欧经贸联系的意义进一步凸显，正如俄罗斯战略文化基金会一篇文章所指出的，“中欧班列不仅促进了中欧贸易，而且给欧洲创造了更多就业岗位，也让欧洲人更好地了解中国，从而将中国和欧洲日益紧密地联系在一起”。

不难看到，尽管疫情持续蔓延，但欧洲主要经济体与中国的经贸联系反而变得更加紧密。中国常态化的疫情防控举措，不仅确保了人民健康安全、经济恢复增长，同时为世界经济复苏提供了稳定而有力的支援。对复苏中的欧洲而言，这种稳定弥足珍贵。进一步加强与巩固同中国的经贸联系，是欧洲基于理性的最优选择。

（刊发于 2021 年 8 月 31 日世界经济版）

万亿美元“扶”不起美就业数据

上周非农新增就业数据公布后，一个无法回避的难题摆在美国当局面前——去年以来实施天量的财政和货币刺激政策，除了不断吹大美国股市之外效用越来越弱，随着新一波疫情蔓延，美国正面临刺激经济政策捉襟见肘、“工具箱”即将见底的窘境。

美国劳工部最新数据显示，8 月美非农业部门新增就业人数仅为 23.5 万，不但远不及 7 月的 105 万以及 6 月的 96.2 万，也大幅低于市场预期的 72 万左右，是今年 1 月以来最低。有分析指出，8 月非农就业数据暴跌，反映出美国民众对疫情蔓延、新增病例不断上升冲击经济复苏的严重担忧。

美国疫情形势究竟有多严峻？每日新增 10 多万确诊病例以及数百人死亡的数据或许已让人麻木，美国盟友的行动可能更有说服力。8 月 30 日，欧盟理事会经过评估，决定将美国从旅客来源地“安全名单”中删除。作为亲密盟友，欧洲的决定折射出美国疫情真实情况，而随着疫情持续蔓延，现在较两周前恐怕更是有过之而无不及。

疫情带来的冲击绝不只就业和旅行，还使美联储原本逐渐清晰的缩减购债进程再度不明。美联储主席鲍威尔在 8 月底举行的杰克逊霍尔经济政策论坛上曾表示，美联储今年可能开始缩减购债，同时将仔细评估德尔塔毒株疫情的风险。现在看，全球市场对缩减购债的规模和时间关注较多，但很多人却忽略了疫情风险，以至于被 8 月的就业数据弄得措手不及。低迷的数据也让美联储实现充分就业的目标迟迟不能实现，9 月开始缩减购债规模的可能性已大幅降低。

除了就业之外，近期一些数据也表明美国经济增长在疫情冲击下显著放缓。市场信息服务机构埃信华迈 9 月 3 日报告显示，美国 8 月综合采购经理人指数（PMI）为 55.4，低于 7 月的 59.9，私营部门的产出增幅降至今年以来最低水平。埃信华迈首席商业经济学家克里斯·威廉姆森说，美国服务业增长 8 月大幅放缓，服务业与制造业均出现需求显著放缓并遭遇招聘和供应困难。

去年 3 月以来，美国已出台超过 5 万亿美元的经济刺激举措，并辅以美联储“无上限”的量化宽松政策。然而，8 月份美国经济数据表明，史无前例的超宽松政策既没能让美国摆脱疫情，也迟迟没能恢复经济增长动力。进入 9 月，美国当局还面临刺激政策到期、债务违约风险上升等难题，在可用的政策工具已经捉襟见肘的局面下，美国经济复苏该怎么办，恐怕只有天知道。

不过，一片混乱之中也并非没有受益者。至少，美联储释放的流动性进一步巩固了美国股市这个“坚硬的泡沫”。有分析认为，疫情对美国经济复苏冲击越大，美联储缩减购债就会越犹豫，市场上的流动性持续时间就越长，美国资本市场的获益就越多。不仅如此，以债务货币化的形式向全世界分摊危机处理成本、转嫁财政经济负担恐怕是美方大概率要采取的行动——这是全球经济复苏躲之不及的“砒霜”，但却是美国一些人甘之若饴的“蜜糖”。

（刊发于 2021 年 9 月 7 日世界经济版）

全球制造业复苏被多重因素“卡脖子”

在德尔塔变异毒株疫情的持续冲击下，全球制造业复苏正在放缓，部分地区甚至出现失速。疫情对经济的扰动始终存在，“疫情控不住，经济起不来”绝非危言耸听。东南亚等重要原材料供应和制造业加工基地的疫情加剧，各国刺激政策副作用凸显以及全球航运价格持续暴涨等，成为当前全球制造业复苏的“卡脖子”因素，全球制造业复苏面临的威胁剧增。

9 月 6 日，中国物流与采购联合会报告指出，8 月份全球制造业 PMI 为 55.7%，较上月下降 0.6 个百分点，连续 3 个月环比下降，自 2021 年 3 月份以来，首次降至 56% 以下。从不同区域看，亚洲和欧洲制造业 PMI 较上月均有不同程度下降，美洲制造业 PMI 与上月持平，但整体水平低于二季度均值。此前，市场调研机构埃信华迈（IHS Markit）发布的数据也显示，东南亚多国 8 月份制造业 PMI 持续处于收缩区间，当地经济受疫情影响严重，对全球供应链可能产生较大影响。

疫情持续反复是当前全球制造业复苏放缓的主要因素。特别是德尔塔变异毒株疫情对东南亚国家的影响仍在持续，给这些国家制造业恢复带来困难。有分析指出，东南亚一些国家是世界重要的原材料供应和制造业加工基地，从越南的纺织业，到马来西亚的芯片，再到泰国的汽车工厂，都在全球制造业供应链中占有重要位置。如果这些国家持续受到疫情困扰，生产无法有效恢复，势必给全球制造业供应链带来严重负面影响。如马来西亚的芯片供应不足，已经使全球多家汽车制造商和电子产品生产商的生产线被迫关闭。

与东南亚相比，欧美制造业复苏情况要稍好一些，但增长势头出现停滞，超宽松政策的副作用愈加明显。在欧洲，德国、法国、英国等国 8 月份制造业 PMI 较上月均出现回落，美国制造业虽然短期内比较稳定，但较二季度的平均水平仍出现明显下降，恢复势头也在放缓。有分析指出，欧美超宽松政策持续推升通胀预期，物价上涨正从生产领域向消费领域传导。欧美货币当局反复强调“通胀只是暂时现象”，然而由于欧美疫情反弹严重，通胀恐怕将比预期的时间更久。

全球航运价格暴涨的因素也不容忽视。今年以来，国际航运业瓶颈问题突出，海运价格持续暴涨。截至 9 月 12 日，中国 / 东南亚 – 北美西海岸和中国 / 东南亚 – 北美东海岸的海运价格均突破 2 万美元 /FEU（40 英尺标准集装箱）。由于全球超过八成的货物贸易通过海路运输，海运价格暴涨不仅对全球供应链造成影响，更进一步推升全球通胀预期。价格涨幅甚至让国际航运业都谨慎起来。当地时间 9 月 9 日，全球第三大集装箱承运人达飞海运（CMA CGM）突然宣布冻结运输货物的现货市场价格，其他航运巨头也纷纷宣布跟进。有分析指出，欧美生产链因疫情处于半停顿状态以及欧美超宽松刺激政策等因素叠加，使得欧美地区对日用消费品和工业制品的需求大增，成为推升全球航运价格的主要因素。

总体而言，疫情仍是全球制造业面临的最大复苏难题。同时也要看到，正是中国坚持对疫情的严格控制，不仅确保了在全球范围内率先复工复产，同时也成为目前全球为数不多的制造能力和订单履约有保障的国家之一。对希望尽快摆脱疫情恢复经济的世界而言，是不是有必要借鉴一下中国的成功防疫经验呢?

（刊发于2021年9月14日世界经济版）

美国解决债务上限悬念不大

不到两周的时间，美国财政部长耶伦罕见地连续呼吁迅速解决债务上限，急切的警告颇让市场紧张了几分。不过，无论是民主党还是共和党都无法承担债务违约的后果，美国债务上限能否解决的悬念并不大。

9 月 19 日，耶伦撰文强调，如果美国国会不迅速提高联邦政府债务上限或暂停其生效，联邦政府在今年 10 月可能出现债务违约而引发一场“历史性的金融危机”，并会造成广泛的“经济灾难”。而早在 9 月 8 日，耶伦就已致信美国会民主、共和两党领袖作出同样警告。

美国政府债务上限在暂停两年后于今年 8 月 1 日恢复生效，美国财政部已从 8 月 2 日开始采取暂停发行债券至 9 月 30 日、暂停投资联邦政府雇员退休基金等非常规措施以避免债务违约。有分析指出，目前美国联邦政府债务规模已超过 28.5 万亿美元，即便依靠非常规措施和财政部持有的现金，也只够美国政府勉强支撑到 10 月左右，一旦触及债务上限“红线”，轻则政府关门，重则引发抛售美债，加剧全球金融市场动荡。

历史上，美国民主、共和两党无数次围绕债务上限问题你争我斗。2011 年和 2013 年一度触发债务上限，2011 年 8 月，两党围绕债务上限的争斗引发资本市场剧烈波动，导致美国历史上首次遭遇主权信用降级，2013 年那次则造成政府关门。不过，这些看上去激烈的博弈最后无不是以顺利上调债务上限或是暂停其生效而告终，根本原因在于两党均无法承受严重削弱美国借债信用、动摇美元主要储备货币地位的严重后果和历史责任。

有分析认为，美国解决债务上限的可能选项有四种：一是两党达成谅解；二是民主党争取至少 10 名共和党参议员支持通过常规立法程序；三是民主党启动预算和解程序，只需在参议院获得 51 票的简单多数即可；四是极端情况下不能排除美国总统拜登援引宪法修正案条款或是宣布全国进入紧急状态采取单方面行动的可能。

当然，美国当局眼下同时面临疫情蔓延、新财年预算达成以及超宽松政策缩表压力的困扰，有关问题牵一发而动全身，处理债务上限问题时会不会飞出“黑天鹅”也颇难预料。

首先，美国新冠死亡病例和确诊病例数仍在大规模增加。约翰斯·霍普金斯大学的最新统计显示，美国因感染新冠而死亡的人数在 20 日已超过 1918 年大流感在美国造成的死亡人数。多方专家认为，由于美国尚未有效控制德尔塔毒株疫情，死亡人数恐怕还将继续上升。由于担心疫情反弹导致居民消费支出放缓，高盛集团近日已将美国全年增速预期由 6% 下调至 5.7%。

其次，美国将在 10 月 1 日迎来新财年。民主党目前提出的 3.5 万亿美元预算框架草案中并不包括债务上限相关内容，共和党则不支持对提升或暂停债务上限单独立法。双方在这一问题上陷入僵局。如果两党未能就政府新财年预算决议达成共识，美国政府将再次陷入关门风波，而留给他们的时间已经不多了。

此外，最受瞩目的是美联储 9 月议息会议。市场较为普遍的猜测是，美联储可能在这次会议后释放缩减购债信号，并在11月或12月开始行动。政策收缩预期叠加耶伦关于债务上限的警告，恰好提供资本大加做空的机会，纽约三大股指20日出现深幅下挫即是明证。如果再想想美国股市这两年一遇政策收缩“风吹草动”立刻躺平的“光荣历史”，那么美联储会不会在9月议息会议后释放缩减购债的信号，恐怕还得打个大大的问号。至于有人将美股暴跌的原因归咎于外部市场的溢出风险，这种张冠李戴的分析，听个乐也就罢了。

（刊发于2021年9月23日世界经济版）

多国“带病”解封犹如赌博

全球疫情走势近期有所缓和，多个国家也随之着手“解封”。由于全球疫情尚未出现根本变化，有关国家的“带病”解封举措更像一场心存侥幸的赌博，未来能否摆脱疫情困扰走上复苏正轨，前景并不确定。

世界卫生组织 9 月 22 日发布周报显示，截至 19 日一周，全球新增确诊病例和死亡病例数分别比前一周下降 9% 和 7%，一个多月以来呈现稳中有降趋势。与此同时，从北美到欧洲、从阿根廷到日本，许多国家准备或者开始放松防疫措施。即使是疫情最严重的美国，也于 20 日宣布计划从 11 月初开始对“完全接种新冠疫苗”的外国旅客放宽入境限制。

单纯从科学角度看，有关国家现阶段迅速放松防疫措施未免过分轻率。欧美等国卫生专家反复强调，“解封”不意味着新冠肺炎疫情已经结束，预计未来一段时间感染率还将上升。美国疾病控制和预防中心 21 日发布数据显示，美国 7 日平均新冠肺炎死亡病例数创半年以来的新高。

欧美等国急于解封，主要还是迫于经济复苏和选情等多重压力。以美国为例，该国政府实施国际旅行限制令一年多来，国际旅行规模较疫情前缩水 43%。有测算估计，如果美国的国际旅行限制令持续到今年年底，将使美国损失 110 万个就业岗位，并给美国经济造成约 3250 亿美元的损失。美联储 9 月 22 日发布预测认为今年美国经济增长 5.9%，较 7 月份预测大幅下调 1.1 个百分点。而在欧洲，疫情管控措施频频引发民众抗议，对执政当局的选情造成不同程度的影响，选情走势成为欧洲国家疫情管控的重要考虑因素之一。

有分析认为，目前欧美乃至其他地区一些发达经济体疫苗接种率较高，这让其对压力之下的解封措施心存侥幸：只要不发生医疗资源挤兑，同时病亡率能控制在一定范围之内，那么“解封拼经济”的这场赌博似乎还是值得尝试一下的。

然而，正如网民戏言，“欧美国家考虑了所有可能因素，唯独忽略了病毒的想法”。有关国家的解封举措，几乎完全忽略了在未得到有效控制的情况下疫情可能快速变异或反弹的关键问题，医疗资源面临的压力正在出现，还有人对严格防控疫情的国家说三道四，不断制造舆论话题。

一方面，随着秋冬季来临，全球疫情反弹风险极大，部分国家医疗资源挤兑情况已经出现。较早解封的英国，16 岁以上人群已有超过八成完成两剂疫苗的接种，但 8 月份以来日均新增新冠肺炎病例数依然在 2 万例之上，英国政府不得不着手制订计划应对可能出现的反弹风险。美国多州近期新冠肺炎死亡人数、住院人数创下新高。据美媒报道，美国爱达荷州近日首次实行“定量配给”医疗资源，“只把有限资源分配给‘有机会存活’的病人”，而当地重症监护室入住人数已超过冬季的最严重时期。

另一方面，也要警惕欧美舆论在解封后对严格防疫国家“泼脏水”。此前，就有欧美媒体对中国严控疫情做法不断表现出异乎寻常的“关心”和“忧虑”，声称中国严格防疫“恐将令作为世界第二大经济体的中国持续数年与世隔绝”。实际上，从疫情防控的成本和收益以及欧美国家的惨痛教训看，不难发现中国目前坚持的广泛接种疫苗和严格疫情防控并行不悖的做法，才是真正科学合理的。正如张伯礼院士近日所指出的，与病毒的斗争正处在相持阶段，“我们还不能掉以轻心”。

（刊发于 2021 年 9 月 28 日世界经济版）

疫情后遗症在美国浮出水面

随着北半球秋冬季来临，全球对出现新一轮疫情风险上升忧心忡忡。不过对新冠肺炎疫情最严重的美国来说，眼下迫切的问题恐怕是大量感染新冠肺炎人员在治愈后不得不面对的后遗症。这不仅对治愈患者的身体造成损害，也正在引发严重的经济社会后果。

10 月 8 日，美国劳工部发布数据显示，美国 9 月份非农部门新增就业人数仅为 19.4 万，大幅低于市场预期的 50 万左右，创下今年以来月度新低。有分析认为，就业数据反映出美国经济复苏并未出现美联储期望中的“实质性进展”，美联储缩减购债计划的时间有可能因此被继续推后。

前几个月就业数据不及预期时，美国主流观点认为是联邦失业补贴降低了民众的就业意愿。不过进入 9 月份后，美国国内大多数地区的失业补贴措施已经到期，但是就业增长不力的状况不仅没有扭转，甚至出现进一步加重。

不仅如此，在就业数据大幅下降的同时，美国企业却面临着严重的招工难问题，尤其在蓝领工人集中的建筑、物流、零售业较为明显。由于劳动力短缺，美国港口集装箱积压严重，供应链短缺问题突出。

一面是就业乏力，另一面却是招工难。看似矛盾的现象反映出疫情对欧美经济社会带来的深刻影响。

从健康角度看，新冠肺炎确诊患者即使治愈，依旧有许多后遗症。英国牛津大学和国家健康研究所的最新研究显示，超过三分之一（37%）的新冠患者在康复后的3个月到6个月内，出现至少一种长期后遗症，最常见的是忧郁与焦虑，其次是呼吸异常。伦敦大学卫生和热带医学院教授马丁·麦基此前在世卫组织新闻发布会上表示，“新冠后遗症”像是“各种症状的不同组合”，包括胸部和肌肉疼痛、疲劳、呼吸急促，以及患者所描述的认知方面的症状，譬如“脑雾”。

在发生大规模人员感染的国家，后遗症对治愈患者的工作和生活带来持续和广泛的影响。以美国为例，美国总人口规模在3.3亿左右，截至10月9日累计确诊病例在4400万上下，已有超过13%的人口感染。英国牛津大学研究显示，2020年欧美多国人口出生时预期寿命因疫情缩短，美国人口预期寿命降幅最大，美国男性的预期寿命与2019年相比缩短2.2岁，美国女性的预期寿命降幅超过1.5岁。

从经济角度看，疫情带来的影响更加深远。且不说欧美为拉动经济超发货币埋下的“定时炸弹”，仅仅是就业一项就带来许多问题。一方面，疫情的持续蔓延重塑了欧美社会的就业结构，许多低薪、艰苦、远距离通勤或需要高频率与人近距离接触的就业缺口迟迟无法填补；另一方面，大量民众感染治愈后，健康状况依然不能恢复，特别是对从事重体力劳动的蓝领阶层、低收入阶层影响更大。有分析认为，由于感染人数太多，美国就业数据低迷，特别是蓝领工人难招，与疫情后遗症关联度很高。

从社会角度看，疫情激化美国社会既有矛盾，也引发了新问题。

一些美国政客在抗疫上不作为、乱作为，让美国原本就存在的种族鸿沟、贫富差距、社会分化、地区矛盾等痼疾更加严重。不仅如此，10 月 7 日发表在美国医学杂志《儿科》上的研究显示，超过 12 万名美国儿童因新冠肺炎疫情至少经历过一名监护人死亡的惨剧。有专家认为，这不仅会对孩子们产生直接且长久的影响，也将带来新的社会问题，而更糟糕的是，疫情在美国尚未结束。

美国一些人常常宣扬，只要不发生医疗资源挤兑，同时病亡率能控制在一定范围之内，就可用“大号流感”的心态和标准来应对新冠肺炎疫情。从疫情后遗症造成的破坏性后果看，这种观点未免过于乐观。以“躺平”面对新冠肺炎疫情，恐怕再也站不起来。

（刊发于 2021 年 10 月 12 日世界经济版）

南北鸿沟扩大伤害世界经济

上周，多家国际机构和组织不约而同发出警告，由于新冠肺炎疫情蔓延和应对乏力，大多数发展中国家经济前景依然严峻。全球不均衡复苏正导致南北差距进一步扩大，而这对世界经济的长期伤害较疫情有过之而无不及。

10 月 13 日，世界银行行长马尔帕斯表示，新冠肺炎疫情已使近 1 亿人陷入极端贫困，导致全球各地在减贫方面倒退数年甚至数十年。10 月 14 日，国际货币基金组织（IMF）决策机构国际货币与金融委员会发表公报，呼吁加快新冠疫苗普及，遏制疫情蔓延，阻止全球经济复苏分化趋势。10 月 17 日，联合国秘书长古特雷斯在国际消除贫困日致辞时表示，新冠肺炎疫情对经济和社会造成严重破坏，复苏不均衡正在加剧南北差距。

有分析指出，收入分配不平等、发展空间不平衡本已是全球经济治理面临的最大难点，疫情暴发更使有关问题进一步恶化。世界银行研究显示，疫情加剧了国家之间的不平等，2021 年发达经济体人均收入预计增长近 5%，而低收入经济体人均收入仅增长 0.5%。短期内，大多数发展中国家经济面临通货膨胀率高企，就业机会减少，食品、水、电力短缺，工厂和港口关闭，物流及供应链瓶颈等问题。中长期看，南北差距的扩大将伤及世界经济增长前景，使得出现各类风险的概率增加。

“疫苗鸿沟”是眼下发展中国家面临的最突出问题。各经济体间呈现增长分化趋势主要是因为疫苗获取能力和政策支持上的显著差异。为此 IMF 提出了加快疫苗普及，争取实现全球疫苗接种率今年年底达到至少 40%、明年年中达到至少 70% 的目标。有观点认为，跨越“疫苗鸿沟”需要提供有成本收益的切实可行的方案，特别是美欧等发达经济体不仅需要加大支援力度并切实履行已有的疫苗捐赠承诺，更需要加强与疫苗生产商的协调力度，取消对疫苗及其生产原料的贸易限制。

“融资鸿沟”则是近期浮现出的新难点。由于各国财政实力和政策存在巨大差异，加剧了南北国家的分化趋势。一方面，发达经济体的财政政策不仅为经济活动和就业提供支持，而且由紧急救助转向促进绿色和数字化变革的公共投资。另一方面，新兴市场和低收入国家大部分人口仍未接种疫苗，融资约束增加，财政支持力度进一步减弱。

从中长期看，如果不能遏制疫情引发的南北差距扩大势头，发展中国家经济发展的能力和空间恐怕会被限制。IMF 财政事务部主任维托尔·加斯帕尔日前就此表示，疫情给低收入国家带来的持久伤害容易被掩盖，“将在贫困、不平等和公共财政等问题上带来长期负面影响”。

中国有句老话，叫作“不患寡而患不均”。“不均”已成为世界经济面临的突出矛盾。尽管以中国为代表的一些国家在为改变这种状况呼吁和行动，但依然不够，尤其是欧美等发达经济体在有关问题上漠不关心甚至以邻为壑，迟滞了全球的实质性复苏。在全球经济面临通胀和债务高企等多重挑战面前，不断扩大的南北差距只会造成新的障碍，只有通过多边合作，才能真正使世界经济早日走出困境。

（刊发于 2021 年 10 月 19 日世界经济版）

疫情再度反弹给欧洲出难题

进入 10 月，全球各地特别是欧洲疫情大幅反弹。在日趋严峻的形势面前，各国应对策略却有着明显差异，由此反映出的治理思路耐人寻味。

英国是此轮疫情反弹的“重灾区”。尤其是英国政府 10 月 4 日宣布大幅放宽英格兰地区入境政策之后，该国单日新增确诊病例一直保持在 3 万以上，并持续攀升，21 日当天突破 5.2 万。英国卫生大臣贾维德 20 日甚至断言，“人们可能会在今冬某天看到，英国单日新增新冠肺炎确诊病例高达 10 万例”。

英国的情况在欧洲并非个例，在气温降低、管控放松以及疫苗接种迟缓等多重因素影响下，欧洲多国疫情出现快速反弹。在德国，该国监测疫情的重要指标“7 天感染率”在 23 日达到 5 月中旬以来的最高值。在俄罗斯，23 日新增死亡病例数和新增确诊病例数双双刷新最高值。法国、波兰、拉脱维亚、罗马尼亚、奥地利等国面临的防疫形势也十分严峻。德国重症监护医学协会专家卡拉吉亚尼迪斯发出警告，“真正的第四波疫情已经开始，并且正在加速”。

值得注意的是，在新一轮疫情面前，欧洲各国应对措施差异明显。

一方面，医疗体系承压较大、疫苗接种率低的国家已迅速升级防疫措施。罗马尼亚持续攀升的重症病例已对该国医疗体系造成巨大压力，该国于25日重新实施在室外公共场所强制戴口罩的规定。拉脱维亚由于疫苗接种率过低，自本月21日起至11月15日全国将实行封城政策。

另一方面，以英、德为代表的疫苗接种率高的国家，试图再“抻一抻”。在英国，尽管医疗卫生界专业人士极力呼吁启动后备计划，但首相约翰逊22日仍坚称“眼下疫情状况比12个月前要好很多”，暂不考虑实施新的“封城”举措。

分析认为，欧洲各国面临的防疫难题颇具代表性，也反映出全球抗疫和经济复苏进程中的突出问题。

首先，“群体免疫论”在现实中屡屡碰壁，难以实现。英国是较早提出与病毒共存的国家之一，去年疫情暴发后不久，英国即抛出“群体免疫”理论，今年7月又贸然解封。如今，尽管英国12岁以上人群中超过86%的人已接种至少一剂新冠疫苗，约79%的人接种了两剂疫苗，但是累计确诊病例已接近870万，占英国人口比重的13%左右。采取英国抗疫模式的国家，往往陷入“严格管控—解封—疫情反弹—再管控”的怪圈，感染人数和死亡人数不断突破新高，新加坡对此应当深有体会。

其次，由于抗疫失策，多国不得不在“严格抗疫”和“经济复苏”的政策选择中来回摇摆。如英、德两国近期经济增长承压，因此尽管疫情严重反弹，但仍在尽力避免严格防疫措施对经济复苏的冲击。英国国家统计局22日表示，英国零售额已连续5个月下降，该国经济学家担心，英国可能正在进入以经济增长乏力和物价上涨为特征的“滞胀”时期。德国10月综合采购经理人指数（PMI）也从上月终值55.5降至52.0，为8个月来低点。

此外，鉴于英国的教训，眼下尤其要密切关注美国解除国际旅行限制令的后续影响。美国将从11月8日起允许完全接种新冠疫苗的外国旅客乘坐国际航班或通过水陆口岸入境。作为全球疫情最严重的国家，美国在疫情依旧严重的情况下贸然“解封”，反映出极为典型的“重经济轻人命”的思路。由于美国在全球中的独特地位，此举带来的示范效应，以及对全球疫情走势产生的负面影响，不能不提高警惕。

（刊发于 2021 年 10 月 27 日世界经济版）

欧洲喜忧参半　美国左右为难

美欧上周陆续公布的第三季度数据，结果都“不理想”。从数据分析，欧洲经济复苏步伐加快，但面临的风险不断累积，可谓喜忧参半；美国经济则陷入增速大幅下滑、供应链雪上加霜、通胀不断加剧的境地，政策取舍左右为难。

10 月 29 日，欧盟统计局发布数据显示，第三季度欧盟 GDP 环比增长 2.1%，欧元区 GDP 环比增长 2.2%，分别比第二季度快 0.1 个百分点。欧洲央行行长拉加德认为，这得益于疫情对欧元区经济的掣肘明显减弱，同时欧元区内部及全球需求复苏也是重要助力。

这一表态的微妙之处在于对严格防疫的积极作用避而不谈。实际上，正是由于前期严格的卫生防疫措施和广泛疫苗接种缓解了欧洲疫情，才有了第三季度许多欧洲国家解除封禁措施，进而推动释放居民消费动力，促进了生产和商业投资，拉动了第三季度欧洲经济增长。

疫情远未消除，若疫情防控不力，那么欧洲恐怕要为第三季度放松防控付出更大代价。世界卫生组织的疫情周报显示，在截至 10 月 24 日的一周中，欧洲地区新增确诊病例数占全球一半以上。欧洲新一轮疫情卷土重来，已迫使欧洲多国再度收紧防疫举措。不仅如此，欧盟统计局 10 月 29 日数据还显示，受能源价格上涨及供应链瓶颈等因素影响，10 月欧元区通胀率持续攀升，按年率计算达

4.1%，创 13 年新高。有观点认为，在疫情反弹、供应链问题加剧、通胀飙升等因素影响下，未来欧洲经济增长前景不太乐观。

美国的问题更棘手。10 月 28 日，美国商务部公布初值显示，第三季度美国 GDP 按年率计算增长仅为 2%，较第二季度的 6.7% 大幅下滑，也低于此前市场预期的 2.6%。

有分析认为，为应对疫情冲击，美国当局出台超宽松政策，试图刺激消费拉动经济，却在最关键的严格防疫上来回摇摆直至疫情失控。于是，一方面失控的疫情持续扰动美国经济，阻碍消费，并导致劳动力短缺；另一方面，被超宽松政策刺激起来的消费需求，却因为美国生产能力和基础设施条件不足而无法满足，再叠加劳动力短缺因素，形成严重的供应链瓶颈，不断加剧美国通胀。数据显示，美国 9 月核心物价指数同比增长 3.6%，延续了近 30 年来的最高水平。通胀加剧不仅抑制消费阻碍增长，而且迫使美国当局不得不加快收缩超宽松政策。

换句话说，在疫情失控的条件下，超宽松政策对美国经济增长的刺激作用正以肉眼可见的速度消失，同时引起通胀加剧。为此，美国当局既要尽快收缩超宽松政策以免通胀失控，又要尽可能地拖延收缩超宽松政策，以避免股市崩盘，经济下滑，可谓进退失据，左右为难。

无论是欧盟还是美国，都饱受疫情、供应链和通胀的困扰。然而，困扰归困扰，眼下既看不到有何强力举措控制疫情，也看不到欧美供应链瓶颈和通胀在短期内缓解的迹象，更看不到调整经济结构解决深层次矛盾的行动。反倒是欧美政策走向对发展中国家的负面外溢影响不断凸显，而这正是中国在 G20 会议上极力呼吁避免的重要问题。

（刊发于 2021 年 11 月 2 日世界经济版）

英法渔业纷争是脱欧后遗症

争执数月的英法渔业争端仍未缓解，上周双方闭门会谈之后依然“分歧巨大”。自去年底英欧达成“脱欧”协议至今，英国与欧盟在金融、经贸、社会治理等多个领域的结构性矛盾不断凸显，渔业纷争不过是脱欧后遗症诸多发作症状之一。

去年底，英欧达成协议同意在英国脱欧过渡期结束后的5年半之内，欧盟渔民仍可按现行准入标准进入英国海域捕捞海产品，但其配额将在5年半之内逐步减少25%。不过，英属泽西岛政府今年4月出台新的捕鱼许可制度，要求法方渔船提交证明此前就在该海域捕鱼的文件。此后法方声称，超过一半的捕捞申请遭英方拒绝或仍等待审批。法国据此认为英国违背脱欧协议，但英方否认。10月27日，法国宣布将从11月2日起禁止英方渔船入港，并对英方船只和往返英国的卡车加强检查，而且还考虑对英国开展能源报复措施。11月1日，法国总统马克龙与英国首相约翰逊会晤后宣布，法方将推迟实施原定于2日实施的制裁措施。4日，英法代表会谈后称双方“分歧巨大”，但会谈仍将继续。

对于英法两国来说，渔业在其自身经济总量中占比都不高，甚至可以说是微乎其微。但是，渔业在其国内政治议程中又各具分量。英国渔民是脱欧的坚定支持者，而法国大选在即，双方都希望保持对外强硬姿态以维护国内政治利益。因此，渔业这个实质性经济影响不大，却能撬动各自国内政治议程的话题，成了双方都不愿轻易让步的焦点。不仅如此，对英国来说，由于疫情处理失当招致民众抱怨，经济复苏压力加大，约翰逊政府希望借渔业一事提振信心重塑对外形象；对法国来说，马克龙政府急于展现强硬立场，以挽回被美澳联手“摆一道”而丢失的颜面。

除了渔业纷争之外，一年来脱欧后遗症不断发作，较为典型的是围绕《北爱尔兰议定书》的争执。作为英国脱欧协议的重要组成部分，英欧双方此前达成的《北爱尔兰议定书》着力延续北爱地区的和平与稳定，但为了保护欧盟单一市场的完整性，要求从英国大不列颠岛进入北爱地区的商品需履行海上通关检查。英国政府因顾忌由此带来的贸易障碍，一直未完全履约。10 月 13 日，欧盟发布对议定书的修改建议，包括通过削减海关手续、简化认证和减少边检来促进大不列颠岛与北爱尔兰之间的货物流通。欧盟还同意修改规则以保证北爱尔兰地区药品供应不间断。目前，英欧双方举行了三次会议但都没能达成共识。有观点认为，与渔业问题相比，英欧在《北爱尔兰议定书》问题上的博弈已触及双方核心利益，而问题的久拖不决正对本就不稳定的政治互信带来更多伤害。

脱欧后遗症频发，看似杂乱但其实脉络有迹可循。从决定脱欧时的草率决策，到协议脱欧时的回避难点，经年累月不断积累，造成了如今英欧矛盾频出、关系难以理顺的局面已成双方不可承受之重。英国预算责任司负责人近日表示，就长期影响而言，脱欧将使英国国内生产总值（GDP）减少 4%。新冠肺炎疫情则将使 GDP 再降 2%，脱欧对英国经济的负面影响超过新冠疫情。而对欧盟而言，在解决一系列脱欧后遗症的过程中，其经济和政治格局也将因此发生深刻改变。

（刊发于 2021 年 11 月 9 日世界经济版）

疫情面前难有第三条路

新冠肺炎疫情笼罩之下，欧洲凛冬已至。从奥地利到荷兰、从德国到英国……随着疫情持续恶化，越来越多的欧洲国家近期被迫再度收紧防疫措施。经历数轮疫情反复后，欧洲的教训已清楚地表明："严格防控坚持动态清零"和"在管制放松间持续切换"这两条防疫路线孰优孰劣一目了然，除此之外，现阶段不管不顾地"与病毒共存"只会让更多生命受到伤害。

11 月 19 日，奥地利政府宣布从 22 日起实行全国范围的封锁，最初将持续 10 天，最多 20 天，奥地利因此成为西欧率先重新实施全面封锁的国家。德国卫生部长施潘 19 日也表示，不能排除德国封锁的可能性。此前一天，奥地利和德国的单日新增确诊病例双双创下新高。与此同时，第四波疫情正在从英国到法国、从波兰到荷兰等广大欧洲地区迅速蔓延开来。世界卫生组织 16 日周报显示，欧洲地区在此前一周内，每 10 万人 7 天内新增确诊病例 230 例，为全球最高。

欧洲卫生专家认为，欧洲近期成为全球疫情"震中"，与冬季来临、过早"解封"、疫苗接种不足等因素有关。这种看法面面俱到，却淡化了导致欧洲疫情防控不力的最关键因素——过于看重疫苗接种的效果，在严格防疫上左右摇摆。

疫情暴发之初，英国首席科学顾问帕特里克·瓦朗斯即抛出“群体免疫”理论，在全球收获了一批拥趸，也指导了欧美许多国家的抗疫工作。如今，欧盟完成疫苗接种的人口占比为67%左右，依然无法遏制第四波疫情的急剧扩散，出现医疗资源紧缺现象。在疫苗接种率较高的英国，虽然超过79%的人接种了两剂疫苗，但累计确诊病例已突破980万，占英国人口比重14.6%左右。在大西洋彼岸的美国，新增确诊人数和死亡人数入冬后屡创新高，各州轮流迎来疫情高峰，丝毫未见缓和迹象。现实的铁壁面前，“群体免疫”论被撞得头破血流。

抗疫失策导致疫情持续扰动经济增长，甚至有不断加码的风险——今年下半年以来多国出现的“用工荒”和供应链危机即是明证。欧洲一年多来不得不在“严格抗疫”和“经济复苏”的政策选择中来回摇摆，陷入“严格管控—解封—疫情反弹—再管控”的怪圈。放松疫情防控往往打着恢复经济的旗号，然而放松防控往往导致疫情反弹，进而拖累经济。更值得注意的是，随着有关国家人均预期寿命的大幅降低，逐渐浮出水面的疫情后遗症问题将带来更加深远的负面影响。

与欧美持续反复的防疫路线不同，中国去年以来统筹疫情防控和经济社会发展、民生保障之间的关系，坚持严格的防控，坚持动态清零的防疫目标，取得了抗疫的巨大成果。实际上，欧美如果客观理性对待中国的动态清零策略，以其自身雄厚的经济实力和条件，抗疫工作未尝不能迎来转机。然而，有关国家不仅无视中国的成功经验，一些人还污蔑中国防疫措施成本过高，甚至急切宣布“与病毒共存”，试图在动态清零和持续反复之外，走出应对疫情的第三条路。

只不过，哪里会有这样的路呢？现阶段选择“与病毒共存”的结果，无非是放任更多的生命受到伤害罢了。

（刊发于2021年11月25日世界经济版）

新型变异毒株戳中欧美市场

上周，南非等国报告的新冠肺炎病毒新型变异毒株引发全球市场强烈震荡。虽然新型毒株的影响尚不明确，但欧美市场惊惧不已，出现剧烈波动，这主要因为“新毒株使现有诊疗方法和疫苗失效”的猜测从根本上动摇了欧美现有抗疫路线，进而影响全球经济复苏。这着实戳中并加重了欧美市场的“心病”。

11 月 26 日，世界卫生组织将新冠肺炎病毒变异毒株 B.1.1.529 列为“需要关注”的变异毒株，并以希腊字母“奥密克戎”（O）命名。该变异毒株 11 月 9 日在南非被首次确认，24 日首次报告给世卫组织。世卫组织认为，“这一变异毒株有大量突变，其中一些突变令人担忧”。

新型毒株的出现严重冲击国际金融市场。世卫组织发布有关消息后，美国、英国、日本、以色列等多国迅速宣布旅行限制令，美国纽约股市三大股指当天跌幅均超 2%，欧洲和亚洲股市主要股指也显著下跌。美国政府释放石油储备也无法撼动的国际油价当天跌幅超过 10%。世贸组织第 12 届部长级会议也因有关疫情再度推迟。

不过，新型毒株的实际负面影响有多大并无定论。世卫组织已表示，当前常用的聚合酶链式反应检测（核酸检测）仍可用于标记奥密克戎毒株。多国卫生专家表示，新型毒株携有可能导致传染性增强的突变，但许多突变的意义仍未知。有评论指出，此前同样被世卫组织认定为“需要关注”的贝塔毒株在刚出现时也曾让人惊讶，而最终被证明没有那么凶险。

为何奥密克戎新型毒株的出现会引发普遍担忧？关键是数量众多的变异可能使现有诊疗方法和疫苗失效，这将严重动摇欧美等国“注射疫苗形成群体免疫，进而推进‘与病毒共存’”的抗疫路线。一旦这种担忧被证实，势必拖累欧美等国付出巨大代价才换来的经济增长。不仅如此，欧美为应对疫情提振经济，几乎是一夜之间用光了政策“工具箱”的所有工具，如今依然朝着通胀高企、增速下降的“滞胀”方向迈进，以至于不得不动议收紧政策。如果现有疫苗被证明对新型毒株无效，那么有关国家恐怕不仅要面对政策翻转，更将陷入无计可施的尴尬境地。

过去一年多来，欧美一些国家总在用傲慢的态度去应对科学防疫问题。在疫情暴发早期，迟迟不肯推出严格防疫举措，错失了中国付出巨大牺牲和代价换来的在全球阻断疫情的最佳时机。而在新冠疫苗问世后，又单纯把疫苗接种当作万能的“灵丹妙药”，在变异毒株屡屡冒头而疫情未得到根本扭转的情况下着急“解封”，致使疫情多次反复，将民众抗疫的心气消磨几尽。

这些情况，从欧美一些政客嘴里是听不见的，在西方一些媒体上也是看不见的，但市场是务实的，眼见经济复苏前景莫测，欧美等国疫情早已成为市场不可言说的“心病”，而这次奥密克戎毒株的出现切实戳中并加重了这一“心病”。

眼下，欧美等发达经济体快速实施旅行限制令，日本、以色列等国还宣布了“封国”举措。这虽然反映出各国面临的严峻形势，但是也要看到其有所转变并采取严格防疫的积极因素。如果有关国家能够亡羊补牢，真正汲取他国抗疫的成功经验，同时积极参与推动全球抗疫合作，那么奥密克戎毒株疫情未尝不能转化为扭转全球抗疫局面的一次契机。倘若仍然只是从自身的利益出发，本着“死道友莫死贫道”的狭小格局来处理当前疫情，那么某些国家想摆脱疫情困扰恐怕依然遥遥无期。

（刊发于 2021 年 11 月 30 日世界经济版）

美联储表态对市场影响不大

上周，美联储主席鲍威尔在国会称考虑提前结束购债计划，反映出美国通胀压力持续上升的真实状况。这番鹰派表态虽然让市场感到意外，但实质性影响并不大，其作用在于对外展现遏制通胀的决心，以利于美联储在加息时机和节奏等问题上掌握主动权。

11 月 30 日，鲍威尔出席美国国会参议院银行委员会听证会时说，目前美国通胀压力较高，也许“提早几个月”结束资产购买计划是合适的。鲍威尔声称很难预测供应瓶颈持续时间及其对通胀的影响，继续使用“暂时性”这个词描述美国通胀情形已不合时宜。他同时透露，美联储将在 12 月的货币政策会议上讨论是否加速缩减资产购买规模。

美联储用“暂时性”来描述判断通胀形势已有时日，因此鲍威尔在获得新一届美联储主席提名后的这种态度让市场颇有些意外，也引起“加息的到来或比市场预期更早，明年加息频率或比预期更高”的猜测。不过，有分析指出，考虑到美国的经济状况和国内政局，美联储政策急速收缩甚至大幅转向的操作空间有限，鲍威尔的表态更多还是在引导市场预期，从而在结束购债后马上随之而来的加息问题上更加主动。

美当局最看重的目标，依然是促增长而非稳通胀。美联储去年 8

月份宣布的新货币政策框架就表明，美联储会容忍通胀率“适度”高于2%“一段时间”，以实现2%的平均通胀率目标。但由于疫情失控，超宽松货币政策始终无法刺激美国经济恢复内生动力，却让通胀愈演愈烈。

12月1日，美联储发布全国经济形势调查报告（褐皮书）显示，美经济增长仍受供应链和劳动力紧张限制。12月5日，高盛集团经济学家约瑟夫·布里格斯在一份报告中将美国今年GDP预期增速由4.2%下调至3.8%。可见，美国经济增长后劲依然不足，而在出现实质性增长之前，美国当局仍将面临控制通胀和刺激经济的两难局面。

同时，通胀问题在美国已不仅是经济话题，而且与其国内政局高度关联。有分析指出，“拜登为了赢得中期选举需要支持率，提高支持率需要通胀回落，而想要让通胀回落需要解决供应链紊乱的问题，供应链需要防疫策略、恢复就业和国际协调，这些都需要时间”。为了争取时间，加强对通胀预期的管理符合拜登政府的政治利益。

因此，鲍威尔的鹰派表态与拜登政府提振支持率、赢得中期选举的政治诉求形成呼应。在新冠肺炎病毒新变异毒株奥密克戎的影响尚未最终确定的时候，欧美各国对奥密克戎毒株采取了与以往截然不同的应对措施，欧美媒体更是连篇累牍地渲染报道，这其中恐怕也有借机打压油价遏制通胀的意味在其中。

不仅如此，由于美联储隔夜逆回购规模保持在万亿美元之上已有时日，大量资金处于无处可去的空转状态，所以加速缩减购债计划短期内并不会给市场带来较大实质性影响。这也是鲍威尔大胆释放鹰派信号的重要原因之一。

如此看来，摆出收紧姿态、打压通胀预期、争取复苏时间，这应该是美联储作出鹰派表态的原因。当然，其中最关键的因素依然是疫情的走向。由于美国疫情失控，美国经济走势偏离了有关预判，美国的通胀在“暂时性”的说辞中一路抬升。这种局面大概是美国当局没能预料到的。疫情控不住，经济起不来，这个判断依然有效。

（刊发于 2021 年 12 月 07 日国际版）

通胀问题让美国头疼

美国月度消费者价格指数（CPI）涨幅上周触碰39年来新高，却并未引起太大震荡。这反映出持续抬升的美国通胀数据越来越像一头“灰犀牛”——风险巨大但市场习以为常。而如何解决美国通胀倒有些令人“牵肠挂肚”。通胀和解决通胀，都让美国头疼。

12月10日，美国劳工部公布数据显示，11月美国CPI同比上涨6.8%，为1982年6月以来最大同比涨幅。当月数据大幅攀升主要受食品和能源价格上涨影响，剔除食品和能源价格后，核心CPI环比上涨0.5%，同比上涨4.9%，同比涨幅达到1991年8月以来最高水平。

创下新高的通胀数据短期影响并不大。虽然数据公布当天美元指数和美债收益率盘中跳水，然而上周收盘时美股依然迎来表现强劲的一周，标普500指数上周五上涨1%，周涨幅为3.8%；纳斯达克综合指数上涨0.7%，周涨幅3.6%。有分析指出，由于高企的通胀数据并未超过预期，相关风险已被市场消化并体现在定价之中，因而并未对当前市场走势产生太大冲击。

美联储主席鲍威尔11月底有关“通胀不是暂时性的”“提早几个月结束资产购买计划是合适的”等鹰派表态，多少给美国市场打了预防针。美国当局也借机完成话题切换，淡化了“货币政策由超宽松转向收缩”这一关键转折，把市场的注意力吸引到了加息时点和节奏问题上。就在美国最新 CPI 数据出炉后，高盛、瑞银、摩根士丹利等机构围绕加息问题的讨论和猜测受到密切关注。

话题虽然切换，问题依然待解，更从一个问题衍生成两个问题。一方面，持续多时的通胀在美国愈演愈烈。正如美联储所说，继续使用“暂时性”这个词描述美国通胀情形已不合时宜。12 月 6 日，美国全国商业经济协会发布的经济学家调查显示，受需求强劲、薪资上涨、供应链瓶颈等诸多因素影响，美国高通胀将至少持续到 2023 年。另一方面，美国当局在解决通胀这件事上却投鼠忌器。通胀管理原本是经济管理部门的职责所在，然而真正令美国当局头疼的是政策缩紧的代价。由于美国疫情失控，加息问题一旦处理不好，不仅会打断美国通过“大水漫灌”催动的经济复苏进程，美股市场同样面临大幅下行的压力。

美国当局头疼的问题，为观察美联储政策收缩尤其是加息节奏提供了视角。

美国经济状况是加息的关键因素。从美联储 12 月初发布的全国经济形势调查报告（褐皮书）来看，现阶段美国经济活动普遍温和增长，但部分地区增长受到供应链中断和劳动力短缺限制，何时能缓解尚不明确。同时，失控的疫情持续阻碍经济增长，近期暴发的奥密克戎变异毒株疫情更是雪上加霜。在制约美国经济增长的有关因素显著转变之前，美国当局的加息意愿其实并不强烈。

市场反应是美国当局的重要考量。无论是美联储关于通胀的各种预期引导，还是收缩行动的一拖再拖，根本上反映出美国当局对资本市场的反应十分谨慎。似乎也是看到这一“软肋”，美国市场愈加肆无忌惮地推升资产泡沫。因此，美国当局既要尽快收缩超宽松政策以免通胀失控，又要尽可能地拖延收缩超宽松政策，以避免股市崩盘经济下滑。温吞吞的政策收缩步调，不过是因为左右为难罢了。

需要看到的是，通胀话题在美国并不是单纯的经济话题，与其国内政局高度关联。尽管市场在美联储预期引导下对通胀走势反应平淡，但通胀抬升带给民众的感受要更加真切痛苦。一旦通胀问题久拖不决，并影响到美国明年中期选举选情，那么拜登政府恐怕会在加息问题上给美联储提供更多建议。如果由此引起加息节奏的变换，那么其中的风险不可小觑。

（刊发于 2021 年 12 月 14 日国际版）

世界经济“痛”中前行

2021年的最后一周，关于经济增长的话题还是那么令人头疼：高企的通胀尚未出现缓解势头，供应链受阻的“疼痛”仍在发作，奥密克戎已取代德尔塔成为主要流行毒株，新兴市场和发展中国家对美联储退出政策的负面影响忧心忡忡……与此同时，经济数据反弹、贸易投资和消费需求显著恢复、应对新冠肺炎疫情更有章法，也同样伴随着一年来的复苏进程。

在经历2020年的低谷之后，全球经济今年增速出现较大幅度的增长。早在今年10月，国际货币基金组织（IMF）就在《全球经济展望报告》预计，继2020年下滑3.1%后，2021年世界经济将增长5.9%。有分析认为，疫情限制措施减弱、经济刺激方案落实以及去年增长基数较低等因素共同推升了今年的全球经济数据，今年经济复苏态势非常强劲。不过，经济恢复到疫情前水平的国家属于少数，近九成低收入国家的人均国内生产总值仍低于疫情前水平。世界银行副行长兼首席经济学家卡门·赖因哈特就谨慎地认为，“我们只是看到了反弹，尚未看到真正的全球复苏”。

世界贸易增长最令人瞩目。近日，联合国贸发会议（UNCTAD）发布全球贸易更新报告指出，2021年全球贸易增长强劲并预计将创历史新高，预计2021年全球贸易额将达到约28万亿美元，比2020年增长约 5.2 万亿美元，比新冠肺炎疫情前的 2019 年增长约 2.8 万亿美元，分别约相当于增长 23%和 11%。其中，货物贸易额将达到约 22 万亿美元的创纪录水平。有分析指出，今年贸易大幅增长表明在疫情危机继续破坏现有供应关系时，全球贸易在维持各国获得商品和服务方面继续发挥关键作用。同时，在供应短缺和运输成本上涨，集装箱短缺以及运费飙升、海运不畅、港口拥堵和码头货物积压等条件下，全球贸易的强劲增长也反映出全球产业链供应链坚韧的一面。

全球外国直接投资（FDI）强劲反弹。2021 年上半年全球外国直接投资流量估计达到 8520 亿美元，反弹态势超出预期，仅今年前两个季度的增长就挽回了 2020 年新冠肺炎疫情造成的七成以上的损失，预计全年增幅为 10% 至 15%。不过，全球外国直接投资增长前景不稳，经济增速、疫情防控效果、复苏支出计划等因素的潜在影响以及政策压力依然不小。

除此之外，还有许多不利因素和有利情况。比如，疫情起伏反复严重干扰复苏进程，全球通胀加剧对民众的困扰进一步增加，不同地区复苏分化发展失衡威胁增长的可持续性。又如，将于 2022 年 1 月 1 日生效的《区域全面经济伙伴关系协定》（RCEP）将创建全球规模最大的自由贸易区，其经济规模及其贸易活力，将使其成为全球贸易新的重心。在新冠肺炎疫情之下，RCEP 的生效也有助于提高贸易抗风险能力，对国际贸易将产生巨大影响。

在经历二战以来最大幅度衰退后，世界经济快速复苏的这一年，痛点和亮点同样突出。“痛”并前行着，是这一年世界经济的真实写照，也将是世界经济一段时间内都会面临的状态。

（刊发于 2021 年 12 月 28 日国际版）

当务之急是提振复苏信心

在希望和忧虑的情绪交织中，世界告别2021年，迈入2022年。世界经济复苏在新的一年有望延续，但增长仍受到疫情等多重挑战的扰动。多方领导人在新年致辞中着力提振信心，这正是世界经济复苏的当务之急。

在新年致辞中，美国、德国、法国、英国、意大利、日本等国重点围绕抗疫展开，呼吁民众积极接种疫苗、团结抗击新冠肺炎疫情。哈萨克斯坦、白俄罗斯、老挝等国誓言全力改善人民福祉，提高国家竞争力。俄罗斯总统普京认为2022年“有望出现令人愉快的变化”。联合国秘书长古特雷斯则呼吁各国人民团结协作、同舟共济，致力于使2022年成为国际社会实现复苏的一年。

信心依旧比黄金更重要。对2022年的世界经济而言，唯有妥善应对疫情暴发以来的新情况和疫情之前就掣肘全球经济的老问题，通过务实合作让人们看到变化和改进，才能延续和提振来之不易的复苏信心。

首要的还是应对疫情。来自世界卫生组织数据显示，截至2021年底，全球累计新冠确诊病例和死亡病例已分别超过2.8亿和541万例，奥密克戎毒株已蔓延至110个国家和地区。不断反复的疫情对世界的冲击在向深层次发展，世卫组织甚至不得不发声强调

“2022 年必须终止新冠肺炎大流行”。当前，广泛注射疫苗是遏制疫情的有效手段，然而一些发达经济体海量囤积疫苗，给全球疫苗公平分配带来严峻挑战。因此，国际社会在抗疫问题上的合作深度和广度，对全球控制疫情意义重大，进而影响到全球复苏的走势。

发达经济体货币与财政政策变动是全球近期重点关注的风险。历史上，美联储等发达经济体的政策紧缩会成为全球跨境资本流动以及资产价格、汇率大幅震荡的诱因，一些新兴市场与发展中国家的经济增长也会受到资本外流、本币贬值等风险拖累。眼下，美国不断推升今年加息预期，让全球忧心忡忡。新兴市场自身经济状况、应对举措以及全球政策协调力度都将成为重点关注。

政策变动还可能触发全球债务风险。在疫情暴发之前，全球债务风险便不断集聚，疫情暴发后的紧急宽松政策使全球债务风险进一步加大。国际货币基金组织（IMF）数据显示，全球债务在 2020 年已超过 226 万亿美元。若全球利率上升速度快于预期，且经济增长放缓，那么全球债务将面临违约风险。在高债务和通胀上升的环境下如何正确实施财政和货币政策，这更是考验决策者智慧和格局的难题。

提振信心要解决风险，更需要实实在在的成果。区域全面经济伙伴关系协定（RCEP）1 日正式生效，这对于提升区域内产业链、供应链的稳定性，支持疫情下的世界经济复苏具有十分重要的意义，正是提振各方信心的重要成果。对区域内外一些国家而言，支持维护 RCEP 而非横生枝节，才是利人利己的理智行为。

（刊发于 2022 年 1 月 5 日国际版）

欧洲慎言加息能坚持多久

欧元区货币政策上周受到来自内外两方面的压力，欧元区通胀数据创下历史新高，市场对美联储加息预期则进一步增强。这种局面下，欧洲去年底关于“2022 年加息可能性很小”的看法能坚持下去吗?

1 月 7 日，欧盟统计局初步数据显示，2021 年 12 月欧元区通胀率按年率计算达 5.0%，高于市场预期，再创历史新高。有分析指出，能源价格大涨和供应链瓶颈推升了欧元区通胀数据，不过欧洲央行的决策者们认为这只是短期问题，欧洲没有推高长期通胀的价格因素，而过早加息则可能拖累意大利、西班牙等高债务成员国复苏。基于这些考虑，欧洲央行虽然在 2021 年 12 月宣布将如期结束应对疫情的紧急资产购买计划，但欧洲央行行长拉加德也强调，2022 年加息“可能性很小”。

然而进入 2022 年后，全球关于美联储加息的预期陡然提升。1 月 5 日，美联储公布 2021 年 12 月货币政策会议纪要，释放可能提前加息并随后启动资产负债表缩减进程的信号。1 月 7 日，美国劳工部数据显示，2021 年 12 月美国失业率从 11 月的 4.2% 降至 3.9%，尽管 12 月美国新增非农就业岗位低于预期，但市场倾向于认为美国正在达到充分就业目标，已经具备进一步收紧政策的条件。

这些新情况强化了美联储迅速加息的预期，给全球金融市场走势造成极大压力。由于美元在国际货币体系中占据重要位置，美货币政策变动将对全球高风险资产价格、国际资本流动等带来影响，欧洲势必受到波及。不过，欧洲是否会跟随美国在 2022 年加息，也受到其他方面影响。

疫情对欧洲经济的冲击仍是关键因素。新年假期结束后，疫情正以前所未有的态势席卷欧洲。法国、丹麦、希腊、克罗地亚等国家单日新增确诊病例刷新疫情以来最高纪录。在这种局面下，欧洲如期结束紧急资产购买计划已是不易，而过快提高利率可能会推高借贷成本，阻碍经济复苏。因此欧洲在评估是否加息时，势必需要看得更清楚、想得更明白，慎之又慎对欧洲而言是比较稳妥的选择。

不过，“塞翁失马焉知非福”。疫情在威胁欧洲经济增长的同时，却意外地给欧洲财政一体化制造了契机。2020 年为应对疫情，欧盟历史性地达成 7500 亿欧元的经济复苏基金，在构筑共同的财政和信用基础方面迈出了关键一大步。有分析指出，“该计划的关键在于所涉资金的绝大部分将由欧盟通过发行以欧元计价的欧盟债券来筹集，意味着作为世界唯一源本抵押品的美国国债在第二次世界大战后第一次遇到真正的潜在竞争者”。因此，美国加息对欧洲政策的影响究竟有多大也还需观察。

值得注意的是，美国在进入新年后，疫情扩散速度较欧洲有过之而无不及。据美国约翰斯·霍普金斯大学数据，全美 1 月 3 日新增新冠确诊病例突破 100 万例，再次刷新疫情暴发以来单日新增病例最高纪录。然而，面对疫情再度失控，美联储却不断释放提前加息乃至缩表的信号，这其中蕴藏的变数，恐怕才是眼下要紧紧盯住的。

（刊发于 2022 年 1 月 11 日国际版）

决心加息后美联储如同“走钢丝”

伴随着上周美联储明确表态以及高涨的通胀数据，市场关注点已转向美国年内加息次数、何时缩减资产负债表等新话题。启动加息之后美联储宛如高空“走钢丝”，对政策力度和时机拿捏要求更高，让人捏一把汗。

1月11日，美联储主席鲍威尔在出席美国国会参议院银行委员会的提名听证会时说，为应对美国高通胀持续的情况，美联储或将更多次加息，并更早、更快地缩减资产负债表。1月12日，美国劳工部数据显示，2021年12月美国消费者价格指数（CPI）同比上涨7%，创1982年6月以来最大同比涨幅。目前，由于美国通胀形势紧张，各方对美联储在3月结束购债计划后立即启动加息的预期高涨，从美联储官员到华尔街机构，普遍认为年内将加息3至4次，且最早在年中就要缩减规模已超过8.7万亿美元的资产负债表。

美联储的政策变动在全球引发焦虑。1月10日，国际货币基金组织（IMF）警告，美国更快收紧货币政策可能造成新兴经济体资本外流和货币贬值。1月13日，联合国发布2022年《世界经济形势与展望》报告指出，许多低收入国家的财政和债务状况尤为棘手。报告领衔作者、联合国经济和社会事务部全球经济监测中心负责人哈米德·拉希德呼吁，发达经济体应有序减少资产购买和缩减资产负债表，以维持金融稳定，确保债务的可持续性，“避免过早过快缩表引发金融市场动荡”。

不过，别人的困难美国几乎从不关心，眼下令美国当局忧虑的是供应链中断、劳动力短缺等问题。鲍威尔在11日听证会上承认，“没有想到供应链瓶颈如此顽固且改善的进展缓慢，没想到需求的强劲增长会如此专注于商品方面”。有分析指出，这番话无意中暴露出美国超宽松政策的软肋——除了推升股市指数和通胀数据之外，并没有解决在疫情中暴露出的美国经济结构性问题，尤其是供应链修复至今仍然只存在于各种乐观的预期之中。

在现实世界里，供应链持续中断、持续的劳动力短缺及其导致的薪资增长，已经给美国企业带来了巨大的成本压力，进而影响到美国经济有效增长。1月12日，美联储发布全国经济形势调查报告（“褐皮书”）显示，美国很多地区经济增长继续受到供应链中断和劳动力短缺限制。

于是，眼见加息缩表进程开启在即，美国当局却陷入十分尴尬的境地：为应对疫情，出台了大规模财政支出政策以及超宽松货币政策，引发了40年未见的通胀，但结构性问题并未解决，而疫情愈演愈烈。

通胀不能久拖不决。市场尚且可以在美联储预期引导下消化通胀影响，但民众在通胀面前已没有太多辗转腾挪的空间。一旦通胀影响到中期选举选情，拜登政府恐怕会给美联储施加压力，给加息节奏带来较大影响。与此同时，一些分析指出，政策实施速度、力度与时机拿捏不准，“便极可能导致资产价格震荡与投资者预期逆转，出现破产海啸的风险上升，甚至滞胀降临”。

一边要加息缩表迅速遏制通胀，另一边又要顾及风险，美联储

“走钢丝”着实要小心翼翼。而能否在3月如期启动加息，或许还要再看看奥密克戎毒株对美国经济冲击的实际数据。

（刊发于2022年1月18日国际版）

美国解决供给侧难题有心无力

上周，美国财政部长耶伦提及多项供给侧改革举措，并称之为“提振美国经济的最佳途径”。然而，美国眼下的经济环境和政治生态，决定了美国解决供给侧难题有心无力。

1月21日，耶伦出席世界经济论坛（达沃斯论坛）对话会时介绍了拜登政府的经济议程，并抛出“现代供给侧经济学”（modern supply-side economics）的提法。耶伦称，一个国家的长期增长潜力取决于其劳动力的规模、劳动人口的生产力、资源的可再生性和政治制度的稳定性。耶伦表示，现代供给侧经济学寻求通过增加劳动力供给和提高生产率来刺激经济增长，同时减少不平等和对环境的破坏。

“供给侧经济学”曾是共和党用以描述低税收和放松管制政策的措辞。耶伦在抛出新提法之际，不忘揶揄共和党一番，认为共和党政府对“资本的大幅减税并没有实现其承诺的收益，放松管制在环境政策方面也有着同样糟糕的记录”，“我们（民主党）的新方法比传统的供给侧经济学更有希望”。

美国供给侧面临的难题是耶伦表态的重点。疫情暴发后，美国超宽松政策带来需求侧过热，而对供给侧的结构性难题一筹莫展，最终导致40年未见的通胀高企。进一步看，劳动力供应不足、制造业生产率不足、贫富差距急剧扩大，这些供给侧积弊最终都指向了美国的再工业化，也是美国真正的“心病”所在。

不过，所谓“现代供给侧经济学”要真正见效谈何容易。劳动力供给、生产率提升以及不平等问题只是表象，背后反映出来的美国增长路径和政治极化问题，解决起来并不简单。

20世纪60年代后，美国在第三次科技革命的背景下，对其国内产业结构进行重大调整，将钢铁、纺织等传统产业逐步转移外放，在其国内主要致力于集成电路、精密机械、精细化工等资本和技术密集型产业的发展，逐步利用其科技优势、生产优势等塑造出以服务业为主，低储蓄、高消费的经济格局。1974年“石油美元”体系建立后，国际货币体系的流动性基本上由美元来承担，美国形成了国内总需求大于总供给，而又不断利用美元的国际“硬通货”地位弥补其国内生产不足的格局。

这种增长方式为美国积累了巨额财富，也埋下了其国内制造业衰落的种子，更成为如今劳动生产率始终无法提振的关键因素之一。突如其来的疫情让有关问题集中爆发，但美国已对这种持续了半个多世纪的增长路径形成依赖，短期内难以扭转。以提高生产率为例，过去10年，美国的劳动生产率平均增长只有1.1%，大约是此前50年的一半。

多年制度积弊，再加上特朗普政府在任上的种种“出格”之举，几乎重塑了美国延续多年的政治游戏惯例，这导致美国国内政治的每个角落都充斥着极化和撕裂，耶伦在达沃斯论坛发言中提及的高达1.75万亿美元的《建设美好未来》法案受阻就是最新例证。不仅如此，疫情暴发后美国当局无节制地使用财政和货币政策，几乎将手里的经济牌全部打光，单纯依靠经济手段已无力承担其国内供给侧改革的成本。美国要解决其供给侧的难题，势必要在经济之外的领域出手，这正是眼下尤其值得警惕之处。

（刊发于 2022 年 1 月 25 日国际版）

欧洲经济稳定复苏面临多重考验

近期陆续发布的数据显示，2021 年欧元区经济增长势头稳定。不过，在货币政策加速转向的预期高涨、疫情持续反复以及地缘政治局势动荡的三重“颠簸”之下，欧洲经济的稳定复苏面临考验。

1 月 31 日，欧盟统计局数据显示，欧元区 2021 年国内生产总值（GDP）同比增幅达到 5.2%。其中，法国、意大利、西班牙、葡萄牙等国均表现出较好的复苏势头。欧元区第一大经济体德国虽然 2021 年第四季度增速有所放缓，但其 1 月商业景气指数和综合采购经理人指数（PMI）均出现明显回升。有分析认为，欧元区经济 2022 年开局温和，如果供应链压力缓解，有望实现更强劲的复苏。

与增长相伴的还有超预期通胀率。2 月 2 日，欧盟统计局数据显示，受能源价格大幅上涨影响，今年 1 月欧元区通胀率持续攀升，按年率计算达 5.1%，再度创下历史新高。受此影响，虽然欧洲央行在 2 月 3 日的货币政策会议上决定保持货币宽松力度不变，但关于年内是否加息的态度出现微妙变化，欧洲央行行长拉加德在回应有关提问时，措辞也从之前的“非常不可能”变为“欧洲央行的决定将基于数据”。英国央行英格兰银行更是毫不犹豫，于 2 月 3 日宣布把基准利率从 0.25% 上调至 0.5%。货币政策基调由“鸽”转“鹰”，其中的分寸并不好拿捏。正如国际货币基金组织（IMF）总裁格奥尔基耶娃2月3日所说，需审慎把握应对通胀和维持经济复苏之间的平衡。此为欧洲经济复苏面临的第一重考验。

2月3日，世界卫生组织欧洲区域办事处数据显示，欧洲区域过去一周新增1200万例新冠确诊病例，创下疫情暴发以来最高周纪录。面对急剧上升的病例数，一些欧洲国家依据所谓“群体免疫”理论着手逐步放松防疫措施，这也在欧洲内部引发争议。一方面，经济增长对服务业依赖较大的国家希望尽快放松防控措施，直至全面解封以促进复苏；另一方面，包括世卫组织在内的一些专家则表示担忧，认为“放开的决定为时过早”，毕竟类似的反复在过去两年已经在欧洲出现多次，此次解封后能否在防疫和社会经济正常化间取得平衡，效果有待观察。此为欧洲经济复苏面临的第二重考验。

乌克兰局势走向是欧洲经济复苏面临的第三重考验。有观点认为，去年以来，俄乌关系不断恶化，直接促使欧洲天然气价格大涨，也引起国际原油市场震荡。一旦冲突加剧将对欧洲乃至全球能源和金融市场造成更大负面影响，“欧洲经济将遭受重大打击”。

更值得注意的是美国的“动作”。近期美国不仅频频声称俄罗斯准备“入侵”乌克兰，更于2月2日宣布向欧洲增派部队。甚至在北京冬奥会开幕当天，彭博社居然发出所谓“俄罗斯入侵乌克兰”的错误新闻标题。这些刺激局势紧张、炒作渲染危机的做法事实上正不断加剧乌俄边境地区的紧张局势。如果考虑美联储3月加息预期不断强化的背景，那么谁会因地区局势恶化受到损害，谁又将从中受益，这是不难看出的。

（刊发于2022年2月8日国际版）

全球竭力对冲美加息风险

美国通胀数据上周继续攀升，进一步强化美联储即将加息的预期。多个国家和地区未雨绸缪，持续施策对冲美联储加息可能引发的风险。这也反映出美元信用被极度透支后引起的深层问题。

2月10日，美国劳工部数据显示，1月美国消费者价格指数（CPI）环比上涨0.6%，同比上涨7.5%，创1982年2月以来最大同比涨幅，食品价格、电价和居住成本是上涨的主要因素。超预期的通胀数据引起市场震荡，纽约股市三大股指10日均显著下跌，对加息尤其敏感的美国国债收益率当天上涨，10年期国债收益率收于2.033%，自2019年8月以来首次突破2%。

美国货币政策收紧时常产生巨大的负面溢出风险。正是考虑到此前的惨痛教训，多个国家和地区从两年前开始，就对美国超宽松政策保持高度警惕，并提前采取措施着手应对。

首先，无论是新兴市场国家还是发达经济体，都不约而同地选择主动加息。

早在去年3月美释放政策转向信号时，巴西就率先加息，至今年2月2日将该国基准利率上调至10.75%，共加息8.75个百分点，创1999年3月以来最大幅度加息周期。墨西哥、阿根廷、智利、秘鲁等拉美主要经济体也陆续进入加息周期，政策延续至今年。此外，俄罗斯央行2月11日实施了去年以来的第8次加息，将基准利率调整至9.5%。

发达经济体中，英国央行采取超乎市场预期的强硬政策，从去年12月至今两次大幅度提升基准利率，以“应对通胀持续上升的压力”。韩国从去年8月至今已3次加息，将基准利率由0.5%大幅提升至1.25%。

有分析指出，美国货币政策收紧往往引起融资成本上升、金融环境紧缩、国际资本外流等问题，在一些经济缺乏韧性、金融体系抗风险能力较弱的经济体引发严重金融危机。虽然提前加息不能完全消解负面影响，但对这些经济体而言，“预则立不预则废”的积极因素依然明显。

其次，调整外汇储备权重，减持美元的同时增加其他币种和黄金储备占比。

国际货币基金组织（IMF）最新数据显示，2021年第三季度全球美元计价外汇储备市场份额从第二季度的59.23%进一步下降至59.15%，为1995年以来新低。2008年国际金融危机后，全球多国央行和公共机构持续调整外汇储备权重，尤其是不断增加黄金的占比。世界黄金协会（WGC）统计显示，最近10年，全球央行增持的黄金超过4500吨。2021年各国央行总的黄金储备量正在接近1990年以来的最高值。容易遭遇本国货币贬值的新兴市场国家增持现象明显。截至2021年9月，泰国、印度、巴西分别买入90吨、70吨和60吨黄金，而本币汇率持续下跌的哈萨克斯坦已大大提升黄金在外汇储备中的占比。

再次，多国通过签订强化本币结算的相关协定推动本国企业摆脱对美元的依赖。

美国货币政策收紧，不仅会导致一些国家面临本币贬值压力，也会加重其美元债务负担。IMF 总裁格奥尔基耶娃 1 月曾警告，美联储收紧货币政策会对一些经济复苏已经疲软的国家造成冲击，特别是那些美元债务较高的国家，因为美国利率水平上升可能会提高这些国家偿还美元债务的成本。

对风险的预判促使有关国家寻求提高抗冲击能力以应对金融市场动荡。印尼央行 2021 年 7 月起大力与相关机构合作推动本币结算的社会化，中国和印尼本币结算合作框架自 2021 年 9 月 6 日起正式启动。泰国央行 2021 年 10 月与马来西亚央行签署相关协定。此外，欧亚经济联盟美元结算量持续下降，早在 2020 年，联盟内部本币结算量占比已接近 50%。

多年来，美元因其较好的流动性和信用被用作国际结算货币，至今在全球市场中仍具有主导作用。环球银行间金融通信协会（SWIFT）1 月 19 日报告显示，美元在国际支付中的份额占比有 41%。不过，美国多年来肆无忌惮地透支美元作为主要国际货币的信用，特别是美元周期性引发全球市场震荡的风险，让越来越多的国家开始直视美元痼疾。全球竭力对冲美加息风险正是当前全球货币体系下人心思变的集中反映，而全球外汇储备和世界贸易结算多元化也成为更加值得重视的选项和趋势。

（刊发于 2022 年 2 月 15 日国际版）

全球供应链瓶颈缓解有待时日

近期发达经济体通胀压力持续加大让全球供应链受到密切关注。虽然多方看好供应链修复前景，但由于疫情及地缘政治等不确定因素的冲击仍然较大，认为当前全球供应链瓶颈缓解，此种乐观恐怕为时尚早。

2 月 15 日，世界贸易组织（WTO）首席经济学家罗伯特·库普曼表示，全球贸易瓶颈主要是需求激增的结果，需求的结构性转变受到积极、快速的财政和货币政策的支持，才导致许多人多次提到供应链中断。库普曼认为，“未来几个月内压力可能缓解”。他同时表示，这个判断的前提是“不会出现新的地缘政治或健康卫生方面的冲击”。

类似的乐观看法并不鲜见。市场研究机构埃信华迈公司日前在分析英国经济数据时表示，供应链受限继续阻碍增长，“但有迹象表明这一问题已经过了最高峰”。美国供应管理学会近期调查显示，美国的劳动力供给和供应商交货情况连续第三个月改善。与此同时，欧洲采购经理人指数也反映出近期供应链压力有所缓解。

疫情暴发后，以美国为代表的主要发达经济体迅速出台超宽松政策，尤其是扩张性财政政策在短时间内将需求迅速放大，试图以“需求拉动复苏”。然而事态走向与施策者的剧本并不一致，企业的生产能力跟不上暴增的需求，多年来遗留的制造业衰落、基础设施老化、劳动力素质退化乃至社会财富分配不公等问题集中爆发，劳动力供应在补贴和疫情的双重原因下变得极为短缺，这些因素叠加淤积形成了供应链瓶颈。

如今，美联储缩减购债计划进程行将结束，加息的“调门”一日高过一日，欧元区等主要发达经济体以及新兴市场国家的货币政策也因此即将或已经发生变动。需求端因政策扩张而起，政策收缩同样会对需求端产生影响，这是库普曼判断供应链瓶颈缓解的关键因素。

然而，绝不能忽视库普曼作出判断的前提。“新的地缘政治或健康卫生方面的冲击”并不是小概率事件，认为当前全球供应链瓶颈缓解恐怕还过于乐观，真正缓解有待时日。

2 月 18 日，世界卫生组织总干事谭德塞在德国出席第 58 届慕尼黑安全会议时表示，一些国家认为新冠肺炎疫情已经结束，这种想法是“危险的”。谭德塞说，目前全球每周约 7 万人死于新冠病毒，非洲国家尚未接种过新冠疫苗的人口高达 83%，该地区卫生系统不堪重负、几近崩溃，“在这种情况下，很容易出现传染性更强、更危险的变种”。一旦谭德塞的警告变为现实，将威胁原本就很脆弱的经济复苏，超宽松政策的收缩节奏也势必受影响，这并不利于供应链的修复。

乌克兰局势走向成为另一变数。公开表态中，俄罗斯、欧盟甚至美国方面都支持新明斯克协议，但美方近期不断推高紧张，制造恐慌，甚至渲染战争，导致地区局势扑朔迷离。有数据显示，俄罗斯在主要资源品（如能源和部分农产品）的全球供应中占比不小，2021 年俄罗斯出口欧洲油气贸易量占全球出口至欧洲贸易量的 29%

和 36%。如果局势持续恶化，即便不发生大规模冲突，也会对供应链修复带来严重负面影响。

此外，西方一些媒体对中国“动态清零”政策的态度变化，也反映出供应链的真实状况。今年 2 月以来，彭博社一改此前对中国“动态清零”疫情防控政策的非议，突然开始讨论“世界为什么需要中国的‘（动态）清零’政策”。其中谈到，“如果中国放弃‘（动态）清零’……可能导致全球供应链中断，进而推高通胀”。这不仅印证了中方的疫情防控举措促进世界经济复苏，也反映出美方通胀问题的严重性以及短期内修复供应链的巨大难度。毕竟，让人转变态度的往往不是观点，而是铁一般的事实。

（刊发于 2022 年 2 月 22 日国际版）

乌克兰局势推升全球经济复苏变数

上周骤然升级的乌克兰局势严重冲击全球市场，欧美对俄罗斯的制裁措施加剧了市场忧虑。伴随着乌克兰局势走向，一些可能持续阻碍世界经济复苏的风险变数正在推升。

2月24日，俄罗斯决定在顿巴斯地区发起特别军事行动，全球市场受此影响出现震荡，主要股指显著下跌，大宗商品特别是油气价格飙升，黄金等避险资产价格上涨。2月24日当天伦敦布伦特原油期货价格盘中一度突破每桶105美元，创下7年多来的新高。美欧等国随后启动了对俄罗斯的经济制裁，并在2月26日宣称将部分俄罗斯银行排除在环球银行间金融通信协会（SWIFT）支付系统之外。有分析认为，乌克兰局势恶化将引发未知的风险和变数，其中相当一部分因素持续阻碍世界经济复苏。

最直观的冲击指向欧洲。资料显示，来自俄罗斯的石油和天然气分别占欧盟国家进口量的三成和四成左右。德国、波兰、奥地利、意大利、斯洛伐克等国自俄进口的天然气都要经由乌克兰运输。乌克兰局势恶化后，德国政府宣布暂停“北溪-2”项目，加剧了欧洲能源供应的不确定性。有分析认为，不能排除俄罗斯通过控制对欧天然气供应来回应美欧方面的制裁。欧洲央行曾估计，10%的天然气供给冲击就可能会使欧元区GDP下降0.7%。一旦欧美和俄罗斯的对抗升级，在通胀高企的背景下，天然气供应不足将打击欧洲经济，并影响欧洲央行货币政策走向。此外，大量乌克兰难民已来到波兰、匈牙利、罗马尼亚等国边境，2015 年叙利亚战乱引发的难民危机可能重演，这将对欧洲社会带来持续的深刻影响。

除了能源供应之外，乌克兰局势恶化还威胁包括粮食、贵金属在内的全球大宗商品供应。乌克兰经济发展、贸易和农业部 1 月 22 日数据显示，2019 至 2020 市场年度乌克兰所有谷物的出口总量仅次于美国，成为世界第二大粮食出口国。俄罗斯则是镍、钛、铂、钯和铝等制造业金属的重要来源。俄罗斯和乌克兰是全球半导体生产中关键化学气体氖气、氪气和氙气的主要来源。有分析认为，乌克兰局势恶化将打击从化肥制造商到食品、汽车和飞机制造商等众多行业，进而破坏缓慢修复中的全球供应链。

供给端的不确定加剧对全球通胀上升的担忧。俄罗斯的天然气供应一旦出现问题，短期内将难以被替代，势必推升全球能源价格，叠加供应链的混乱状态，将使欧美等主要经济体面临的通胀问题进一步加剧。

美国商务部 2 月 25 日数据显示，美国 1 月个人消费支出（PCE）物价指数同比上涨 6.1%，高于预期的 6.0%，前值为 5.8%；剔除食品和能源价格的 1 月核心 PCE 物价指数同比上涨 5.2%，是近 30 年以来的最高水平，大幅高于美联储 2.0% 的中长期通胀目标，通胀势头未见丝毫放缓。

分析认为，乌克兰局势和美国通胀率一方面笃定了美联储加快收紧货币政策的预期，另一方面抬升了加息节奏难于把控、可能刺破美国股市和房地产泡沫的忧虑。美国挑拨起乌克兰局势恶化，迫使欧洲不得不放弃“战略自主”，向以美国为首的北约靠拢，刺激大量资金流出欧洲避险，同时也为美国经济可能面临的“硬着陆”埋下伏笔。

更大的变数来自美欧拟将部分俄银行排除出 SWIFT 支付系统。2 月 26 日，美国白宫声明称，美国与欧盟委员会、法国、德国、意大利、英国、加拿大领导人决定，“在近几天内”将部分“选定的”俄罗斯银行排除出SWIFT支付系统，并对俄罗斯央行实施限制措施。SWIFT 是全球最重要的国际收付电讯传送与交换处理体系，对支持国际收付清算、进而支持国际经贸往来和金融交易的发展，发挥着非常重要的作用。因此，欧美这项决定被舆论形容为针对俄罗斯的“金融核弹”。

不过，该决定产生的后续变数仍需观察。

一方面，由于俄罗斯能源供应在全球经济中的分量，因此欧美并未完全将俄罗斯排除出去，有美政府高级官员透露，此次制裁将为银行间进行与俄石油及天然气相关支付留出空间。加上俄罗斯在美欧多年制裁之下早已摸索出一套应对方略，因此实际政策影响还需观察。

另一方面，SWIFT 作为国际金融基础设施，虽然重要，但也并非完全不可替代，毕竟国际经贸往来的基础是需求供给而非清算系统。如果 SWIFT 成为一些国家出于政治目的打击其他国家的工具和武器，势必伤害其公信力和存在根基，会有越来越多国家开始认真思考过度依赖 SWIFT 的副作用。一些金融业人士指出，“在这种情况下，即使是欧美的商业银行，也会有分散跨境清算风险的需求”。探索在 SWIFT 银行信息传输系统和美元清算系统之外有效安全的跨境清算体系，近几年已经开始。美国和欧盟这次的行动，无疑会加快这一进程。

（刊发于 2022 年 3 月 1 日国际版）

对美亦步亦趋将给欧洲带来伤害

乌克兰局势持续紧张，美国对俄制裁不断升级，欧洲随美亦步亦趋。紧张局势引发市场剧烈震荡，让欧洲直接承受对俄制裁的反作用力，也给欧洲带来许多深层次的影响。

俄乌冲突爆发后，美国策动包括欧洲多国在内的西方国家对俄罗斯发起多轮经济制裁。继金融业之后，3 月 2 日，美国宣布将对与俄国防相关的共计 22 个俄实体进行全面制裁，美国商务部将利用出口管制措施限制对俄出口炼油设备和技术。3 月 6 日，美国国务卿布林肯表示，美国正在与欧洲盟友合作，共同研究禁止进口俄罗斯石油的可能性。

持续升级的制裁对俄影响不小，但美西方经济同样要为此付出成本，欧洲首当其冲。能源方面，制裁引发油价持续攀升，布伦特原油价格在 3 月 7 日一度接近 140 美元 / 桶，华尔街机构甚至预计，如果俄罗斯石油供应持续遭受欧美制裁的冲击，国际油价恐继续飙涨。粮食方面，乌克兰作为欧洲粮仓，玉米出口量占全球份额的 16%、小麦出口量占 12% 左右。由于冲突持续，乌克兰春季施肥和冬小麦收割，甚至玉米等农作物春季播种都将受影响，欧洲粮食价格上涨趋势明显。运输方面，欧盟国家宣布对俄罗斯关闭领空，引发俄罗斯反制，这迫使欧洲多家航空公司不得不调整航线甚至停飞航班。以德国汉莎航空为例，该公司飞日韩等东亚航线的飞行时间预计延长一到两个小时，增加了时间和燃油成本，也导致飞机比之前少装载 5% 到 20% 的货物。

3 月 2 日，欧盟统计局初步数据显示，受能源价格大幅上涨影响，2 月欧元区通胀率按年率计算达 5.8%，超出市场预期。对俄制裁将严重危及欧洲能源和粮食安全，而禁飞禁运势必推高运输成本、加剧供应链紊乱，欧洲通胀上行压力恐将进一步加大。同时，资金外流成为欧洲面临的另一挑战。新兴市场投资基金研究公司 EPFR Global 的数据显示，日前，欧洲股市遭遇了有记录以来最大的单周资金外流，达到 67 亿美元。欧洲经济面临的两难境地愈加明显，既要加紧退出宽松政策以解决高通胀压力，又要维持一定流动性应对复苏面临的不确定性因素。

与此同时，欧洲疫情防控不容忽视。3 月 2 日，世界卫生组织发出警告，乌克兰局势可能导致新冠肺炎疫情进一步传播，并导致重症病例大幅增加。据联合国难民事务高级专员通报，截至 3 月 1 日已有超过 87 万民众离开乌克兰，预计数字还将迅速增加。冲突引发的大规模人口流动不仅可能导致新冠病毒传播，还可能为产生新的变异新冠病毒提供便利条件。不仅如此，由于部分欧洲国家过早解封，欧盟新冠疫苗接种率持续下降，到 2 月底跌至一年多以来最低水平，世卫组织欧洲区域办事处已发出警告，认为这一局面令人担忧。

对欧洲更深层次的影响也在浮现。一方面，欧盟可能因乌克兰局势增加军备开支和处置难民的相关开支，这可能加剧欧盟内部的预算分配斗争。另一方面，受俄乌局势变化影响，德国总理朔尔茨于 2 月 22 日宣布暂停“北溪 –2”天然气管道项目认证程序。表面上看是商业项目的损失，影响能源供应，但如果考虑到俄欧双方为达成该项目而投入的政治、经济等多方资源，那么“北溪 -2”项目的暂停对俄欧关系和欧洲一体化进程的伤害是不可忽视的，俄罗斯和欧洲两败俱伤，反倒是给美国提供了更多插手欧洲事务的机会。

尤其值得关注的是，美国策动包括欧洲多国在内的西方国家对俄制裁，短时间内情况已急剧恶化，出现欧美一些国家和机构以不同名目抢夺俄罗斯公民或俄罗斯裔人群海外资产的迹象。欧美虽然打着制裁的旗号，但对私人合法财产的恣意侵害，从根本上动摇了欧美金融体系和市场经济体系赖以维系的基础。欧洲要不要随美国亦步亦趋，确需三思。

（刊发于 2022 年 3 月 8 日国际版）

美联储加息名遏通胀实撑美元

美东时间 3 月 15 日，美联储将召开年内第二次货币政策会议。市场普遍预期，此次会议将启动自 2018 年以来首次加息。由于加息难以迅速遏制通胀，对美联储来说，修补因货币超发而受损的美元信用恐怕更加迫切。

3 月 10 日，美国劳工部数据显示，美国 2 月消费者价格指数（CPI）环比上涨 0.8%，同比上涨 7.9%，不仅超出市场预期，也创下 1982 年 1 月以来最大同比涨幅。早在 3 月 2 日，美联储主席鲍威尔就明确表示，美联储在 3 月份货币政策会议上提高联邦基金利率目标区间将是“合适的”，他倾向于提议并支持加息 25 个基点。近期通胀高涨态势进一步笃定了市场对于美联储 3 月加息的判断。

由于受到多重因素限制，无论是加息还是美联储此前宣称的缩减资产负债表，都难以在短期内有效遏制通胀。正如美国财政部长耶伦 3 月 10 日所言，“未来一年的通胀数据仍将维持在非常令人不安的高位”。

首先，供应链瓶颈未见缓解。新冠肺炎疫情暴发后，美国迅速出台超宽松货币政策，试图通过推升需求拉动复苏，却让多年遗留的制造业衰落、基础设施老化、劳动力素质退化乃至社会财富分配不公等问题集中爆发，劳动力供应在补贴和疫情的双重作用下变得极为短缺，这些因素叠加淤积形成引发通胀的供应链瓶颈，至今未见缓解。俄乌局势持续发酵、欧美对俄制裁加码和大宗商品价格飙升等因素更对供应链恢复雪上加霜。

其次，政策收紧节奏不易拿捏。美国正面临“通胀拖不得，收紧急不得”的境况：一方面，持续多时的通胀留给美国民众辗转腾挪的空间已不多，严重威胁美国经济增长，对美国中期选举选情的影响也在显现；另一方面，加息或缩表节奏过快，极可能导致资产价格震荡与投资者预期逆转，“出现破产海啸的风险上升，甚至滞胀降临”，从而引发美国经济“硬着陆”风险。

再次，天量债务负担限制了加息空间。美国财政部数据显示，截至今年 1 月 31 日，美国联邦政府债务规模已突破 30 万亿美元大关，利息支出已非常惊人。此前，包括美国前财政部长萨默斯和现任财政部长耶伦在内的许多美国高官认为，只要举债带来的 GDP 增长能够超过利息负担，这种举债就是有益的。即便如此，美国也必须确保财政可负担利息占 GDP 比例应该小于当年 GDP 增速，换句话说，美国一年的有效经济增长起码应确保偿还利息。如果债务规模没有明显缩减，美国加息势必受到经济增长规模的限制。市场对今年加息次数十分关心，但实际加息空间恐怕并不大。

值得关注的是，加息等政策收紧对遏制通胀效果有限，但对美元指数走势的影响却不小。2020 年 3 月，美出台一系列超宽松政策以应对疫情对经济的冲击，美元指数由此一路走低，从当年 3 月最高点 102.9971 一路下滑至 2021 年 1 月的 89.2100，此后在美联储释放缩减购债计划等消息刺激下再度回升，并伴随加息预期不断增强而走高，截至 3 月 14 日一度达到 99.1459。

美元指数起伏不定背后是货币超发伤及美元信用。国际货币基金组织（IMF）数据显示，2021 年三季度全球美元计价外汇储备市场份额下降至 59.15%，为 1995 年以来新低。多国纷纷调整外汇储备权重，减持美元增加其他币种和黄金储备占比，并通过签订强化本币结算的相关协定推动本国企业逐步摆脱对美元的依赖。从这个角度来看，美加息缩表本质上是对美元信用的修补举措。

美国多年来肆无忌惮地透支美元作为主要国际货币的信用，特别是美元周期性引发全球市场震荡的风险，让越来越多的国家开始直视美元痼疾。近年来美国进出口贸易额全球占比已经降到 10% 左右，除了金融领域，美元要维系世界首要储备货币地位已力不从心。而美国动辄以美元的优势地位制裁他国，同样侵蚀了美元信用。全球外汇储备和世界贸易结算多元化在当下日益受到重视也就不难理解了。

（刊发于 2022 年 3 月 15 日国际版）

发达经济体对美加息各怀心思

在美联储上周宣布加息之后，一些国家紧跟美联储步调作出调整。同时，欧日等发达经济体囿于政经形势的种种桎梏，应对美加息时各怀心思，政策出现分化。

当地时间 3 月 16 日，美联储结束为期两天的货币政策会议，宣布上调联邦基金利率目标区间 25 个基点到 0.25% 至 0.5% 之间。美联储预计，不久将减持美国国债、机构债和机构抵押贷款支持证券，并开启缩减资产负债表进程。有分析认为，美国货币政策收紧往往引起融资成本上升、金融环境紧缩、国际资本外流等问题，有可能在经济缺乏韧性、金融体系抗风险能力较弱的经济体引发严重金融危机。同时，美加息可能加剧美国债务风险，增加新兴市场和发展中经济体偿还美元债务成本，推高全球债务违约风险。

为对冲风险，美加息后多国纷纷跟进。3 月 16 日，巴西宣布将基准利率上调 1 个百分点，从 10.75% 上调至 11.75%，仅次于 2017 年 4 月 12.25% 的高位。沙特阿拉伯、科威特、巴林、阿联酋等中东地区国家也纷纷上调有关利率。发达经济体中，英国于 3 月 17 日宣布将基准利率从 0.5% 上调至 0.75%，而加拿大、新西兰等国早在半个多月之前就已纷纷宣布加息，以提振经济应对通胀。

不过，并非所有发达经济体在货币政策上都选择紧跟美联储脚步，日本和欧洲的态度就有明显差异。

3 月 18 日，日本结束货币政策会议后宣布继续维持当前货币政策宽松力度，维持现行利率水平不变。这与英美甚至欧洲都有明显差异。分析认为，一方面，日本经济复苏受到新冠变异毒株疫情仍可能扩大和能源价格高企等因素冲击，尤其是俄乌冲突引起的国际市场动荡、大宗商品价格大幅上涨等对日本经济的影响极不确定。另一方面，多年来困扰日本经济的主要难题是通缩，即使是最近 6 个月居民消费价格指数（CPI）持续上升，2 月份同比增长仅为 0.6%，加息诉求并不迫切。因此，正如日本央行行长黑田东彦所言，在上述背景下日本不需要也不适合收紧货币政策。

欧洲央行对货币政策态度近期变化较大。2021 年 12 月，欧洲央行宣布将如期结束应对疫情的紧急资产购买计划，欧洲央行行长拉加德当时坚称 2022 年加息“可能性很小”。然而进入 2022 年后，全球关于美联储加息的预期陡然提升，俄乌冲突推高能源和商品价格并引发连锁反应，对欧元区经济活动和通胀产生实质性影响。为此，欧洲央行 3 月 10 日决定缩减常规资产购买计划下的购债规模，并暗示结束购债后将逐步加息。虽然拉加德称此举主要是“在高度不确定的情况下增加政策灵活性”，不希望被理解为加快货币政策正常化，但鉴于 2022 年欧元区通胀预期被大幅上调至 5.1%，加上美联储加息“靴子”落地，欧洲央行年内加息可能性已大幅上升。

欧洲对加息欲拒还迎有苦衷。3 月 15 日，欧盟委员会执行副主席东布罗夫斯基斯表示，尽管经济基本面尚好，但对俄罗斯实施的经济制裁以及俄方反制措施将对欧盟经济产生影响，能源和大宗商品价格不断上涨、供应链中断，都将对 CPI 和投资产生负面影响，严重冲击欧盟经济增长前景。东布罗夫斯基斯道出了欧洲眼下的难处：除了能源之外，意大利、德国、挪威等国甚至已出现粮油、药品等生活物资的抢购风潮。由于形势极不确定，影响到对欧洲经济的全面评估，欧洲央行准确把握利率调整节奏的难度正在增加。

多年来，欧洲在美国策动下推进北约东扩，不断激化与俄方矛盾直至引发严重冲突，还追随美国步调对俄发起多轮经济制裁。然而，欧洲紧跟美国的后果是，直接承受了对俄制裁的主要“反作用力”，能源和粮食供应愈发紧张，资本外流迹象出现，今后还不得不面对难民等一系列容易引发欧洲内部对抗和分裂的难题。反观大洋彼岸的美国，虽是借北约机制煽风点火的始作俑者，却置身事外坐收渔人之利。不知欧洲各国衮衮诸公，究竟是图个啥呢？

（刊发于 2022 年 3 月 22 日国际版）

欧洲经济突围需要“向东看”

随着俄乌冲突持续，以及美欧制裁措施的反噬效应显现，欧洲正在为对美亦步亦趋付出沉重代价。欧洲经济要想“突出重围”，取决于欧洲能否真正加强战略自主。欧洲当前需要着眼长远利益“向东看”，进一步加强与巩固同中国的经贸联系。

近期，天然气、原油价格飙升导致欧洲多国居民电费、取暖费、交通费上涨，粮食和部分日用品也在涨价，欧洲为此频频施策。3月23日，欧盟委员会决定临时允许农户使用休耕地扩大耕种面积，欧盟农户将能在400万公顷的休耕地上种植粮食或牧草，以应对俄乌冲突对欧洲粮食安全的威胁。3月25日，欧盟和美国公布能源合作计划，双方将扩大美对欧液化天然气出口，努力帮助欧盟市场今年额外获得至少150亿立方米液化天然气，确保欧盟的能源安全。

有分析指出，欧方行动意在展现应对风险对抗通胀的决心，但由于俄乌冲突走势未明、美国天然气供应能力有限等因素影响，有关举措短期内效果有限。对欧洲而言更大的威胁在于，跟随美国升级制裁势必严重冲击芯片行业、汽车制造业等产业链的稳定，进而影响到欧洲工业生产，破坏国际商业活动并削弱信心，对欧洲经济活动和通胀产生实质性影响。

相关影响已经出现。3月23日，英国国家统计局数据显示，英国2月消费者价格指数（CPI）同比上涨6.2%，再创近30年来最高纪录。3月25日，德国伊弗经济研究所数据显示，德国3月商业景气指数环比骤降，经季节调整后从上月98.5点降至90.8点。其中，构成商业景气指数的制造业、服务业、贸易和建筑业4项指标当月均环比暴跌。伊弗经济研究所所长克莱门斯·菲斯特用“德国经济的情绪‘崩溃’”来形容有关状况。3月24日，联合国贸易和发展会议报告将2022年全球经济增长预期从3.6%下调至2.6%，其中预计西欧部分地区经济增长将大幅放缓。

美国能协助欧洲破解经济困局吗？恐怕指望不上。这些年来，美国背弃盟友的例子并不罕见，尤其是特朗普政府时期，“美国优先”的政策让美欧关系持续紧张，个中情形至今历历在目。俄乌冲突发生以来，欧洲被美国顶在最前面，为冲突付出真金白银的沉重代价。不仅如此，美联储收紧货币政策对欧洲的冲击也即将显露。3月21日，美联储主席鲍威尔甚至放言必要时将采取一次性加息25个以上基点的措施，以降低通胀水平。不知这话听在欧洲盟友耳朵里作何感想？

如果从欧洲利益出发，从坚持欧洲战略自主的角度审视，欧洲理当着眼自身持久安全和经济持续复苏，采取务实态度与俄方沟通。不过，在美国以北约等机制为抓手深度介入欧洲政治经济安全事务的情况下，有关举措难度不小。因此，当前欧洲最务实的选择，是从战略的高度牢牢把握中欧经贸关系大方向和主基调，加强中欧经贸合作。

中国商务部数据显示，中欧双边贸易近年来持续提升。2021年，中欧之间贸易额突破了8000亿美元，创历史新高。中国保持欧盟第一大贸易伙伴地位，欧盟是中国第二大贸易伙伴。同时，双边贸易结构持续优化，航空航天、生物、光电、电子、材料等领域的贸易增速超过了30%。此外，中欧双向投资规模累计超过了2700亿美元，在金融、疫苗研发、新能源、电动汽车、物流等领域投资合作非常活跃。今年前两个月，中欧贸易同比增长14.8%，达到1371.6亿美元，比同期中国－东盟双边贸易额多5.7亿美元，欧洲成为前两个月中国第一大贸易伙伴，反映出中欧贸易较强的韧性和活力。

对欧洲而言，中国的发展是机遇，不是挑战，更不是一些人鼓噪的“威胁”。中欧双方经济互补性强，合作领域广，发展潜力大。在目前局势下，双方在积极推动贸易投资自由化便利化，维护产业链供应链稳定畅通方面有着广阔的合作空间。把中欧经贸合作的“蛋糕”做大做好，不仅有利于中欧经济发展，对世界经济复苏和稳定发展也十分重要。

（刊发于2022年3月29日国际版）

“去美元化”触碰美国心病

俄乌冲突爆发后，以美国为首的西方国家在金融、贸易、科技等多领域对俄发起全方位制裁。美欧的步步紧逼遭遇俄方强硬反制，由此引发“去美元化”的声音和行动，触碰到美国讳莫如深的“心病”。

据外媒报道，美国拜登政府近期在全球频频“穿针引线”，美国务院、财政部等部门高级官员在欧洲、印度、中东等地来回穿梭，试图协调各国立场进一步对俄施压。尤其在能源方面，美国敦促欧洲盟国坚定一致地惩罚俄罗斯，施压印度少买甚至不买俄罗斯能源，同时拉拢催促中东国家扩大生产以弥补制裁俄罗斯带来的能源缺口。为了提振盟友信心，抑制国内通胀，美国还启动了历史上最大规模的石油储备释放。3 月 31 日，美宣布未来 6 个月将从美国战略石油储备中每天释放 100 万桶石油、累计释放 1.8 亿桶，以应对目前供应短缺、油价高企的局面。

释放石油储备效果尚待观察。有专家警告，制裁将给美国带来严重副作用。国际货币基金组织（IMF）第一副总裁戈皮纳特日前表示，西方对俄金融制裁可能削弱美元主导地位，导致全球金融体系更加“碎片化”。戈皮纳特称，已经看到一些国家正在就以何种货币进行贸易结算重新谈判。

戈皮纳特的警告并非捕风捉影。3 月 31 日，俄罗斯总统普京签署总统令，规定俄认定的“不友好国家”要购买俄天然气须在俄银行开设卢布账户用卢布付款，新规定自 4 月 1 日生效。俄罗斯国家杜马主席维亚切斯拉夫・沃洛金 3 月 30 日警告，俄罗斯的粮食、化肥和木材等出口产品可能很快会用卢布定价。印度媒体近期也放出消息，印度和俄罗斯正讨论卢比 – 卢布结算机制，根据这一机制，双方可将欠对方的卢比和卢布存入当地银行，在中立账户进行兑换，从而使印俄贸易继续。由此看来，美国财政部长耶伦前段时间力挺美元，多半是被触碰到“心病”而作出的强烈反应。

多年来，美国透支美元作为主要国际货币的信用，特别是美元周期性引发全球市场震荡的风险，早已让越来越多的国家直面美元痼疾并寻求对策。俄乌冲突产生连锁反应，引发“去美元化”的声音和行动并非偶然。对美元在当前全球货币体系中的作用与地位，应以冷静客观的态度审视。

首先，“去美元化”与美元“武器化”相伴生。“去美元化”肇因于美国多年来利用美元优势地位滥施金融制裁，各国辛苦积攒的美元储备随时可能被冻结或夺走。俄罗斯近期的遭遇，恐怕更进一步强化了各国关于减少对美元依赖的认知。美元作为武器被用得越多，美元被抛弃的速度就越快，这恰恰是最具讽刺之处。

其次，美元在全球市场中仍具有主导作用。美元在全球贸易结算、各国央行外汇储备、全球债务计价以及全球资金流动中的占比均居首位。虽然美元在全球货币体系中的地位近年来持续下降，但同样也要看到美元的储备地位难以被迅速取代。

此外，国际货币体系多元化或加速推进。美国对美元地位的滥用，早已在各国心中埋下不信任的种子，各国加快建立替代性全球金融支付体系的意愿进一步提升。正如有分析指出，在美元继续主导全球市场的过程中，其主导地位很可能比看上去脆弱，“国际货币体系多元化的轮廓正在显露”。

（刊发于 2022 年 4 月 5 日国际版）

世界经济复苏面临更多考验

美联储上周释放信号，或将以罕见速度缩减资产负债表。此举不仅会殃及新兴市场和发展中国家，也将进一步叠加俄乌冲突产生的负面影响，令世界经济复苏面临更多新考验。

4 月 6 日，美联储公布 3 月货币政策会议纪要显示，美联储高官认为年内可能会有数次 50 个基点加息，最早于 5 月开始以每月最多 950 亿美元的规模缩减资产负债表。纪要内容被市场总结出三方面重点，即加息提速、缩表时间提前、缩表节奏更快。这其中，早有传闻的“未来或数次加息 50 个基点”，已被市场讨论消化，而缩表时间提前、缩表节奏加快的消息着实给世界经济复苏带来了较大冲击。

美联储上一轮紧缩周期从开始加息到缩表间隔了两年，而此次纪要显示，此轮最快可能只间隔 2 个月。此外，尽管市场已预见到每月缩减规模上限会在 950 亿美元左右，但美联储放风可能仅用 3 个月就提升至这一缩减水平还是让人猝不及防的。纪要公布后，纽约股市出现大幅下跌。分析认为，美联储释放出极其强烈的鹰派信号，既反映出美国内部对通胀压力的极度忧虑，也折射出美联储提振美元信用的急切心情。

如果有关考虑付诸实施，且不说美国股市能否扛住这样的紧缩力度，仅仅是新兴市场和发展中经济体偿还美元债务成本上升，就足以推高全球债务违约风险。参考过往历史，美国货币政策收紧往往引起融资成本上升、金融环境紧缩、国际资本外流等问题，有可能在经济缺乏韧性、金融体系抗风险能力较弱的经济体推升通胀并引发严重金融危机。这将是眼下世界经济复苏面临的重大考验。

不仅如此，俄乌冲突短期内迅速冲击全球能源市场，同时带动3月全球食品价格创下新高。4月8日，联合国粮农组织报告显示，3月粮农组织食品价格指数为159.3点，环比上涨12.6%，同比上升33.6%，继2月攀升至1990年该指数设立以来最高水平后，再创新高。能源和食品价格上涨进而推升各国通胀——新西兰民众加满一箱90号汽油成本较一年前增加了50%，希腊3月通胀率创下27年来新高，斯里兰卡央行8日启动该国央行迄今为止最大幅度加息，以应对不断加剧的通胀压力。

一面是美国加快收紧货币政策，一面是地缘冲突不断推升包括能源、粮食在内的大宗商品价格，两项因素叠加推升通胀，再加上新冠肺炎疫情依然在全球肆虐，多重考验之下的世界经济，复苏的难度进一步提升。这在多个国际组织近期发布的预测报告中均有体现。4月4日，世界银行在最新发布的东亚与太平洋地区经济形势报告中，将该地区发展中经济体经济增速下调至5%，较去年10月预测下调0.4个百分点。4月4日，欧元集团主席多诺霍表示，今年欧元区经济增长将放缓。

汝之砒霜，彼之蜜糖。就在全球被通胀折磨得寝食难安之际，却有媒体爆出华尔街某投行通过交易和通胀挂钩的债券以及衍生品赚取了约3亿美元。因循有关线索，倒是可以抽丝剥茧，看清世界经济复苏的真正阻碍在哪里。

（刊发于2022年4月12日国际版）

通胀压力掀动全球加息潮

伴随着俄乌冲突陷入僵局以及美国加快收紧政策的预期提升，不断加剧的通胀风险正在全球掀动加息风潮。从亚洲到欧洲，从美洲到大洋洲，多国同时面临经济前景不明和货币贬值挑战，全力遏制通胀已成多国央行眼下头等大事。

4 月 11 日，世界贸易组织发布报告认为，俄乌冲突推高全球范围内食品和能源商品价格，特别是欧洲、非洲和中东地区农产品价格将受到明显冲击。4 月 14 日，国际货币基金组织（IMF）总裁格奥尔基耶娃在 IMF 和世界银行春季会议前瞻讲话中称，俄乌冲突将导致 143 个经济体今年的经济增速预测值被下调。她同时表示，在发达经济体收紧货币政策的背景下，新兴和发展中经济体面临的潜在溢出风险有所增加，其借贷成本可能上升，还可能受到资本外流冲击。

通胀抬升风险正在蔓延。仅从 3 月数据看，美国、法国、德国、土耳其、瑞典、罗马尼亚、印度等国通货膨胀率纷纷创下多年来新高，德国通胀数据甚至达到 1990 年两德统一以来的最高值。为遏制通胀，从韩国到加拿大，从新西兰到阿根廷，多国央行近期频频加息。当然，通胀面前并非所有央行都能迅速决策。4 月 14 日，欧洲央行宣布维持三大关键利率不变。这被外界解读为由于担忧经济下行而继续坚持审慎、渐进的货币正常化进程。然而，由于欧洲在俄乌冲突中的纠结态度，已有经济学家对欧洲经济发出滞胀警告。

短期看，俄乌冲突持续引发大宗商品价格飞涨，是推升近期全球通胀的诱因，但真正的根源不止于此。国际清算银行总经理奥古斯汀·卡斯滕斯近期以《通胀时代的回归》为题发表演讲指出，通货膨胀在过去一年出人意料地急剧上升。他认为，针对新冠肺炎疫情的超常规政策使需求迅速反弹，且集中于商品部门，而供给侧又无法快速跟进。俄乌冲突进一步扰乱了供给，大宗商品价格因而迅速飙升。有分析认为，当前通胀的根本原因，仍在于美西方主要经济体的超宽松政策引起的货币超发。

论货币超发，就不能不提到美国。4 月 12 日，美国劳工部数据显示，3 月美国居民消费价格指数（CPI）环比上涨 1.2%，同比增长 8.5%，再度创下 40 年来新高。在这一数据公布前后，包括芝加哥联储主席埃文斯在内的多位美联储高官频频发声，称应加快加息步伐，加息 50 个基点对美联储而言是“合理选择”。

“爆表”的数据和美联储官员的鹰派表态，不仅帮助美元指数终于重新站上 100 关口，更让美联储加快收紧货币政策预期高涨，在世界各地特别是新兴市场引发资本外逃、汇率动荡以及债务危机。过去一个多月，在斯里兰卡，本币连续大幅贬值，该国出现外汇匮乏、物资短缺、物价高涨、供电紧张等问题，并引发抗议活动；在埃及，该国央行在美联储加息后宣布允许商业银行自行设定外汇汇率，埃镑对美元汇率应声而落，大幅下跌近 16%，埃镑贬值也导致进口商品价格上涨，加剧输入型通胀。

有分析指出，“货币超发不一定有通胀，但通胀一定是因为货币超发”。眼下的局面表明，国际金融危机至今多年的宽松政策已到了难以为继的地步。钞票发多了钱会变“毛”，这是普通百姓的常识认知，同样也是市场经济的一般规律。

（刊发于 2022 年 4 月 19 日国际版）

G20 宏观政策协调机制面临考验

2009 年，在历经国际金融危机的世界经济从危机迈向复苏的关键时刻，全球同心协力确立二十国集团（G20）作为国际经济合作主要论坛地位，努力营造了世界经济企稳复苏局面。然而，十多年后的今天，一些国家却极力推动 G20 经济议题政治化。如果不能遏制这种做法，多“补台”少“拆台”，G20 宏观政策协调机制将面临考验，影响世界经济增长的不稳定因素势必不断增加。

4 月 20 日至 21 日，G20 财长和央行行长会议以线上线下相结合方式召开。这次会议前夕，美方扬言要“将俄罗斯逐出 G20”。20 日，当俄罗斯代表发言时，美国财长耶伦以及英国、加拿大和乌克兰代表退出会议现场。G20 本是加强国际经济合作、促进全球主要经济体间宏观政策协调的平台，美方有关举动除了不断加深扩大 G20 各国间裂痕，把世界经济政治化、工具化、武器化之外，发挥不了任何积极作用，更会使 G20“功能失调”，让当前不容乐观的世界经济形势进一步恶化。

多家国际机构近期频频发声预警。4 月 18 日，世界银行将今年全球经济增长预期从 1 月份公布的 4.1% 下调至 3.2%。世行表示，债务高企和通胀上升是全球增长面临的两大问题，约 60% 的低收入国家已经处于或者有可能陷入债务困境，预计债务危机将在 2022 年继续恶化。4 月 19 日，国际货币基金组织（IMF）发布最新一期《世界经济展望报告》，将今年 1 月发布的 2022 年全球经济增长预测值下调 0.8 个百分点至 3.6%。4 月 20 日，世界银行称，当前粮食价格比去年同期上涨 37%，粮食安全危机将持续数月，甚至可能持续至明年。

同时，美国的政策预期引导触发市场震荡。4 月 21 日，美联储主席鲍威尔出席 IMF 和世界银行春季会议的一场研讨会时说，在通胀高企、货币政策宽松的环境下，“美联储稍微加快行动是合适的”。这个表态迅速被市场解读为美联储在暗示提升单次加息幅度，纽约股市三大股指随之在 21 日和 22 日连续下跌。有分析指出，即便以市场猜测的单次 50 个基点幅度加息，也不足以在短期内有效遏制美国通胀，而加息叠加缩表预期高涨，对市场信心的打击显而易见，尤其是如果美股在接下来的一周延续目前跌势，那么美联储能否坚持鹰派姿态恐怕还要打上问号。

近年来美国等西方国家对内治理失序、对外利用货币优势地位转嫁危机，对全球经济造成了极大伤害。当前，世界各国既要应对新冠肺炎疫情，又要保经济保民生，处境已经十分困难。真正有效的做法恰如国际货币基金组织（IMF）经济顾问兼研究部主任皮埃尔 – 奥利维耶·古兰沙撰文所指，全球经济增长不确定性极高，“在这种困境下，国家层面政策和多边合作将发挥重要作用”。

因此，各方应当珍惜并有效利用 G20 的宏观政策协调机制，而非制造对抗和分裂去弱化 G20 的协调能力。如果美国一意孤行，使当前局势升级恶化，势必引发连锁反应，导致全球经贸、金融、能源、粮食、产业链供应链等发生严重危机。这正是全球需要极力避免发生的事情，也是 G20 亟待破解的难题。

（刊发于 2022 年 4 月 26 日国际版）

美欧经济下滑引发滞胀担忧

从近期公布的数据来看，美欧一季度国内生产总值（GDP）环比出现明显下滑，美联储在巨大通胀压力下加快货币政策收缩节奏，美欧新冠肺炎疫情再度反复，有关动向加剧了对经济陷入滞胀的担忧。

4 月 28 日，美国商务部数据显示，今年一季度美国实际国内生产总值按年率计算下降 1.4%，这是 2020 年二季度以来美国经济首次萎缩。分析认为，经济增速环比大幅下滑，再结合通胀和就业数据看，美国经济已显现明显滞胀迹象。

从经济增速看，在美国当局两年“撒钱”近 10 万亿美元、美联储资产负债表创出 9 万亿美元新高、联邦政府债务累计超过 30 万亿美元之后，美国一季度的经济萎缩充分表明，在刺激政策已到极限的情况下，美国经济内生动力依旧不足。

从通胀数据看，美国 3 月份消费者价格指数（CPI）同比增长 8.5%，即使剔除波动较大的食品和能源价格，3 月份核心 CPI 仍较去年同期上涨了 6.5%，达到近 40 年来的最高值，而持续发酵的乌克兰危机导致的原材料短缺和供应链中断问题还在进一步加剧美国通胀。

从就业情况看，美国劳工部 5 月 6 日数据显示，4 月份美国失业率环比持平在3.6%，虽然看似不错，但美国就业面临的问题并不像数据看着那么乐观。供需不匹配情况极为严重，就业市场共有1150万个空缺职位，但可用劳动力仅为590万人，劳动参与率仍较疫情之前低1.2个百分点。这也在不断加剧企业成本压力，进而继续推升美国通胀。分析认为，虽然美国经济界一直将“招工难”归咎于联邦失业补贴降低了就业意愿，但大多数地区失业补贴措施已经到期，真正的症结恐怕在于疫情持续蔓延重塑了美国社会就业结构，“招工难”持续与美国社会普遍存在但讳莫如深的疫情后遗症关联度很高。

经济严重疲软、通胀持续高企、就业问题突出，这已符合西方经济学教科书中对滞胀特征的描述，同样的情况也发生在欧洲。

4月29日，欧盟统计局数据显示，一季度欧元区GDP环比增长0.2%，低于去年第四季度的0.3%，而4月份通胀率再创7.5%历史新高，劳动力供应也出现不足。这同样引发市场对欧洲经济陷入滞胀的担忧。

对疫情卷土重来的忧虑也在增加。5月4日，欧盟委员会负责卫生和食品安全事务的委员斯泰拉·基里亚基季斯警告，新一轮疫情暴发的风险始终存在。5月6日，美国白宫方面甚至放出风声，以美国当前的防疫部署看，今年秋冬季或将迎来新冠肺炎疫情的新一轮大暴发，届时感染人数恐将达到1亿人。

尽快遏制通胀成为欧美宏观政策的重点。欧洲央行多位官员近期向市场吹风年内可能加息。5月4日，美联储宣布加息50个基点，将联邦基金利率目标区间上调到0.75%至1%之间，同时宣布将从6月1日起缩减规模近9万亿美元的资产负债表，以“迅速采取行动使通胀回落”。英国央行紧跟美联储步调，5日宣布将基准利率从

0.75% 上调至 1%。自去年 12 月以来第四次加息后，英国利率水平达到 2009 年 2 月以来最高点。

不过，美联储加快收紧政策节奏却招致两方面的批评。一方面，认为美联储已错失遏制通胀最佳时期。如美联储前副主席兰德尔·夸尔斯近日批评称，美联储本应该从去年 9 月份就开始抑制通胀，由于没有及时出手，可能面临“以经济衰退为代价来控制物价”。另一方面，认为美联储加快加息缩表的措施，除了推升美元指数之外，无法吸引足够的国际避险资金回流填平美国债务“天坑”，美国 10 年期国债收益率近期站上 3% 高位就是明证。有分析指出，如果美国经济滞胀风险上升，其资本回流形势将受到影响，资本可能从美国流出，并流向大宗商品和黄金等实物资产，可能对新兴市场产生多重溢出效应，增加全球金融稳定风险。

滞胀风险叠加疫情反复，让欧美特别是美国经济前景堪忧。目前，美国政策工具箱已经见底，难以迅速用经济手段解决经济问题。结合近期新闻看，美国频繁在不同领域制造话题和冲突，无论是拱火乌克兰危机，还是在东亚挑动话题，都反映出动用非经济手段解决经济问题的意图，这种局面如果持续，全球出现“黑天鹅”事件的风险将进一步增大。

（刊发于 2022 年 5 月 10 日国际版）

RCEP巩固优化区域产业链供应链

上周，东盟与中日韩（10+3）合作有关会议召开，如何提升区域产业链供应链的安全、稳定和开放水平成为其中重要议题。值得注意的是，在新冠肺炎疫情冲击和大国博弈的复杂严峻形势下，《区域全面经济伙伴关系协定》（RCEP）生效实施以来，对区域产业链供应链的巩固优化作用逐步显现。

5月10日，第16次东盟与中日韩（10+3）大使级会议在东盟秘书处举行。会上，各方高度赞赏10+3机制作为东亚合作主渠道的积极贡献，更期待加强公共卫生、经贸金融、数字经济、低碳转型等领域合作，提升东亚整体竞争力。5月12日，第25届东盟与中日韩（10+3）财长和央行行长会议举行。会议重申坚定维护开放的、基于规则的多边贸易和投资体系，欢迎并全力支持RCEP生效实施，决定进一步加强在贸易、投资、供应链、可持续基础设施等领域的合作。

2021年，受益于域内的针对性支持政策、较高的疫苗接种率以及对疫情防控的重视，东盟与中日韩区域经济取得了约6%的增长，有力地支撑了世界经济稳定复苏。今年以来，美国货币政策超预期正常化、供应链紊乱，以及乌克兰危机影响外溢等风险对区域经济复苏带来较大压力，同时，美国等一些国家极力推动东盟国家在区域供应链上跟中国"脱钩"。

在这些因素影响下，各方尤其关注区域产业链供应链的稳定畅通。不过，从今年1月份至4月份情况看，虽然存在较大通胀压力和域外国家的干扰，但区域产业链供应链合作联系依然紧密牢固，特别是RCEP的生效实施，给区域产业链供应链带来集成效应，巩固优化作用十分明显。

标普全球5月初发布数据显示，4月份东盟国家制造业采购经理指数（PMI）为52.8，高于3月份的51.7。这是该指数连续7个月高于50。新加坡、菲律宾、印度尼西亚、泰国、越南、马来西亚和缅甸7个东盟国家制造业PMI都在50以上。中国海关总署最新数据显示，今年前4个月，中国－东盟贸易额达到2892.7亿美元，同比增长9.4%，以美元计价，出口增长11.0%，进口增长7.5%，东盟保持中国第一大贸易伙伴地位。应当看到，这是在新冠肺炎疫情和乌克兰危机导致风险挑战增多，世界经济复苏形势更加严峻复杂的情况下取得的增长，展现出区域发展的韧性和底蕴，也折射出RCEP生效后对区域产业链供应链的正面作用。

东盟副秘书长辛格5月13日撰文指出，RCEP使东盟、中国以及其他亚太国家的经济融合程度进一步加深。他认为，东盟同中国可采取一系列措施，共同推动RCEP框架下更广泛的区域经济一体化建设，建立更紧密、更强大的区域价值链体系，升级东盟－中国自由贸易协定，解决阻碍双方加强物理和数字联系的基础设施短板，借此提升彼此经济伙伴关系，帮助整个地区加强供应链网络。

作为RCEP的重要内容，原产地累积规则可以让更多成员国出口享受优惠关税待遇。有分析认为，原产地累积规则将吸引企业在RCEP区域内进行中间品生产，"加上RCEP内中国工业门类齐全、中日韩产业链完整，中国－东盟产业循环畅通，RCEP 生效将重塑和巩固区域内的产业链供应链”。

当然也要看到，由于 RCEP 减少区域内各种关税和非关税壁垒，再叠加大国博弈和疫情影响，RCEP 在重塑和巩固区域产业链供应链之际，也会出现产业转移效应。对此有分析指出，产业转移有其自身规律，势必向产业集聚度高、综合成本低、创新能力强、营商环境好的地方转移。产业链供应链的稳定顺畅，还要确保各个环节的合理稳定利益。

因此，只有真正保持经济向好发展势头，才能稳定和留住产业链供应链。

（刊发于 2022 年 5 月 17 日国际版）

全球经济复苏不确定性提升

上周，美国高通胀对全球经济金融秩序的冲击不断显现，全球对通胀压力加剧的担忧有所增加，多个国际组织发布报告下调世界经济增长预期，全球经济复苏不确定性进一步提升。

当前，世界经济增长形势不容乐观，复苏进程缓慢且脆弱。5月18日，联合国发布《世界经济形势与展望》报告，将2022年全球经济增长预期由今年年初的4.0%大幅下调至3.1%。分析指出，美国加快收缩货币政策给全球特别是新兴市场国家带来较大冲击，美国国内的高通胀也传导至全球金融市场，再加上俄乌冲突推升了食品和大宗商品价格，加剧了全球通胀压力。

通胀压力在欧洲、日本等地表现尤为突出。5月16日，欧盟委员会发布2022年春季经济展望报告，将今明两年欧盟经济增长预期，分别由年初预测的4%和2.8%下调至2.7%和2.3%。欧盟委员会负责经济事务的委员真蒂洛尼认为，当前欧洲经济前景不确定性明显增加，家庭购买力遭到侵蚀，企业生产成本增加，通货膨胀加剧。同时，全球贸易和金融市场也受到严重影响，对欧盟出口产品的外部需求下降。

5月18日，日本内阁府初步统计结果显示，受疫情反弹影响，今年一季度日本实际国内生产总值（GDP）环比下降0.2%，按年率计算降幅为 1%。这是日本经济继去年三季度后再现下滑。日本通胀形势也不乐观。日本总务省 20 日公布的数据显示，4 月份日本核心居民消费价格指数（CPI）经季节调整后同比上升 2.1%，自 2015 年 3 月份以来同比升幅首次超过 2%。

有分析指出，从欧盟、日本的通胀形势来看，美国超宽松政策不仅引发其国内高通胀，更对全球经济金融秩序带来冲击。由于美元的霸权地位，美国的政策变化使发达经济体集体跟进，加剧了全球流动性过剩。5 月 20 日，七国集团财长和央行行长会议发表公报称，七国集团成员国普遍受困于高通胀，通胀率已升至数十年来最高水平。为此，成员国央行将密切监测价格压力对通胀预期的影响，适当推动调整货币政策收缩步伐。

全球健康方面的一些动态也值得注意。5 月 21 日，世卫组织发布猴痘疫情预警称，从 5 月 13 日至 21 日，世卫组织 3 个地区办事处的 12 个未流行猴痘病毒的国家报告了 92 例确诊病例和 28 例疑似病例，未来有可能在这些国家及其他国家发现更多病例。预警称“现有信息表明，与有症状的病例发生密切身体接触的人群中正在发生人际传播”。

目前已报告的猴痘病例数并不高，迄今尚无死亡病例，因此对猴痘疫情的发展还需观察。不过，鉴于过去 2 年全球在应对新冠肺炎疫情时付出的惨痛代价，以及当前面临的一些不确定因素，有必要对猴痘疫情保持密切关注。在全球还未走出新冠肺炎疫情阴霾、经济复苏仍脆弱乏力的当下，应迅速采取措施阻断其进一步传播，以避免对经济复苏造成更大影响。

（刊发于 2022 年 5 月 24 日国际版）

以务实合作提振复苏信心

上周，多家国际机构预警全球经济面临衰退风险，一些国家的政府官员、企业领导人公开表达对未来几个月前景的悲观看法。严峻的经济复苏形势下，当务之急是遏制悲观情绪蔓延，以务实合作改变不利局面、提振复苏信心。

5月25日，国际金融协会（IIF）发布报告，将今年全球经济增长预期从4.6%大幅下调至2.3%。IIF认为，全球经济衰退的风险正在上升，今年流向新兴市场的非居民资本降幅或超过40%。类似预判也出现在22日至26日举行的世界经济论坛年会上。从供应链收紧到全球粮食安全，从俄乌冲突持续到全球通胀出现螺旋式上升迹象，加上起伏不定的新冠肺炎疫情走势，几天的讨论中普遍透露出对全球经济衰退的忧虑。国际货币基金组织（IMF）总裁格奥尔基耶娃试图打消这种疑虑，她在年会期间称，IMF预计2022年全球经济将增长3.6%，离“全球衰退还很远”，但她却用“2022年将是艰难的一年”的措辞来形容时局。

无论是从形势判断还是解决路径看，当前全球并无太大分歧。一方面，各方都看到美联储收紧货币政策、疫情持续以及俄乌冲突对经济复苏的负面冲击，看到了全球面临通胀以及能源、粮食等相互交织的危机，特别是俄乌冲突给全球粮食供应带来重大风险。世界粮食计划署执行主任比斯利日前表示，考虑到俄乌两国在世界农产品贸易中的权重，其全球冲击可能超出预期；另一方面，多方也都在呼吁不断加强国际合作，以务实态度直面问题，解决问题。正如世界经济论坛总裁博尔格·布伦德呼吁，各国应避免贸易保护主义和以邻为壑的政策，继续在全球价值链上进行合作，以共赢方式推动世界经济复苏，“应对全球挑战需要全球解决方案”。

不过，以务实态度直面问题却并非易事。以欧洲经济为例，能源和原材料流通受限，供应混乱加剧了经济运行压力。如果从欧洲利益出发，欧洲的最优选择当是坚持战略自主、着眼自身持久安全和经济持续复苏，采取务实态度与俄方沟通解决。但是，在美国深度介入欧洲政治经济安全事务的情况下，欧洲不仅没有与俄罗斯展开有效沟通，欧盟甚至开始极力摆脱对俄能源的依赖，这在短期内让欧元区经济遭遇深层次冲击。5 月 25 日，欧洲央行发布最新金融稳定评估报告指出，能源和大宗商品价格上涨增加了欧元区通胀高企风险，欧元区金融稳定状况随之恶化。

美国不仅在俄乌问题上持续“拱火”，其“我行我素”的政策对全球的冲击或将不断加大。5 月 25 日，美联储公布 5 月份货币政策会议纪要显示，由于通胀持续高企，美联储多数与会官员认为，未来几次议息会议上加息 50 个基点都是合适的。分析认为，美联储当前急于遏制通胀，同时又担心过快收紧影响经济增长，而鲍威尔在拜登政府通过其第二任美联储主席任命后，恐怕也要掂量掂量政策对年底国会中期选举的影响。综合这些因素，在 9 月份之前的两次议息会议很可能成为美联储大幅加息的“窗口期”，美联储会不会搏一把？这会对全球经济带来何等冲击？值得密切关注。

（刊发于 2022 年 5 月 31 日国际版）

美国误判通胀走势的警示

当地时间5月31日，美国总统拜登与财政部长耶伦、美联储主席鲍威尔等人在白宫会晤，重点讨论通货膨胀问题。当天会前，拜登对外表示尊重“美联储的独立性”。会后，耶伦在接受采访时承认，她去年预测“通胀上行不会造成持续性问题”的判断是错误的，美国经济已经受到巨大冲击。有美国媒体认为，拜登政府面对通胀难题焦头烂额，处理通胀极有可能引发经济衰退，拜登的表态是在将责任转嫁给美联储。此举警示，国际社会需要对美国可能无法有效应对通胀、出现经济衰退的局面有所准备。

去年至今，在新冠肺炎疫情冲击、乌克兰危机等因素叠加影响下，美国通胀数据持续攀升。今年3月份，美国消费者物价指数（CPI）同比增长8.5%，涨幅创1981年12月份以来最大值，4月份CPI同比增幅也达8.3%。在这种背景下，美国当局上周有关通胀的表态意味着什么?

首先，这表明美国当局对经济恢复的预期发生改变。新冠肺炎疫情暴发后，美国迅速出台超宽松政策，试图通过推升需求拉动复苏，并将随之而来的供应链瓶颈以及持续走高的通胀视作暂时性问题。不过，事与愿违，在人为放大需求的同时，美国多年遗留的制造业衰落、基础设施老化、劳动力素质退化乃至社会财富分配不公等矛盾集中爆发，劳动力供应在补贴和疫情的双重作用下变得极为短缺，这些因素叠加形成的供应链问题至今未见缓解，让美国的通胀压力不断增大。今年以来乌克兰危机持续发酵、欧美对俄制裁加码和大宗商品价格飙升等因素更令局面雪上加霜。在严峻的通胀形势面前，美国当局已无法掩耳盗铃，耶伦的表态是在向现实低头。

其次，这反映出高通胀对民主党中期选举选情带来的压力。高企的物价已在美国国内引发广泛忧虑。《华盛顿邮报》和美国广播公司在 4 月下旬联合发起的民调显示，高达 94% 的美国人对通胀感到担忧。这种担忧已开始影响到拜登的支持率。美国媒体认为，在距 11 月 8 日中期选举只有 6 个月的时候，美国正在经历的高通胀让民主党政府极为难堪，有调查显示拜登的支持率已接近历史最低点。因此，拜登突然强调“尊重美联储的独立性”的确有甩锅推责的嫌疑。

再次，拜登强调“尊重美联储的独立性”也暗含着鼓励美联储放手收紧政策的意味。多年来，美国透支美元作为主要国际货币的信用，特别是美元周期性引发全球市场震荡的风险，早已让越来越多的国家开始考虑摆脱对美元的过度依赖。乌克兰危机产生连锁反应，更引发“去美元化”的声音和行动。这是美国当局不能容忍的。美加息缩表等收紧政策的举措，虽然会对美国股市和经济复苏带来负面冲击，但是有利于提振美元指数。

为此，需要强调的是，各国需要对美国可能出现经济衰退的局面有所准备。通胀对美国经济的负面影响已经显现。5 月 26 日，美国商务部公布修正数据，今年一季度美国国内生产总值按年率计算下降 1.5%，较初次数据下调 0.1 个百分点。而就在上周，包括美国银行、高盛在内的华尔街机构的多位高管纷纷发出警告，认为美国经济衰退的风险开始变高。特斯拉首席执行官马斯克甚至在给员工的电子邮件中表示，对经济有种“超级坏的感觉”。不仅如此，美联储加快收紧政策将加剧各国特别是发展中国家资本外流，增加主权债务违约风险。这些因素使得全球经济面临的系统性风险上升，应该未雨绸缪，有所准备。

（刊发于 2022 年 6 月 7 日国际版）

美欧收紧货币政策推升全球债务风险

近段时间，通胀数据持续攀升令美欧等发达经济体加息声紧，进而推升全球债务风险。这不仅给新兴市场和发展中经济体带来较大压力，也让美欧等国经济面临严峻考验。

6 月 10 日，美国劳工部发布数据显示，5 月份美国消费者价格指数（CPI）环比上涨 1%，同比上涨 8.6%，两项指标均超出市场预期。有分析指出，此次数据公布前，市场一度对“通胀触顶”持乐观态度，然而事与愿违，高企的数据加深了市场对美联储持续快速加息的忧虑。

美国快速收紧货币政策正在全球推升债务风险。美元拥有国际储备货币地位，其供应及利率变化是影响全球债务的重要因素。在美联储加息导致全球流动性收紧的情况下，会引发融资成本上升、金融环境紧缩、国际资本外流等问题，新兴经济体债务成本将大幅上升，获得新信贷的难度也明显增加，偿债压力加大，债务违约风险加剧。同时，新冠肺炎疫情发生以来，全球债务规模急剧上升，尤其是新兴市场和发展中经济体情况更加突出。国际货币基金组织总裁格奥尔基耶娃不久前撰文指出，目前大约 60% 的低收入国家存在严重的债务问题，一些国家需要进行债务重组。

快速收紧货币政策同样会加剧美国自身的债务风险。由于近年来美国当局毫无节制地使用财政货币政策刺激经济，积累的债务总额已是天文数字。今年2月初，美国财政部公布的数据显示，美国联邦政府债务规模突破30万亿美元大关。纽约联邦储备银行2月上旬发布的报告也显示，受住房和汽车贷款激增影响，美国家庭债务总额在2021年增加了1.02万亿美元，已接近16万亿美元。

美联储加息将使美国政府和家庭的借贷成本快速上升。从政府方面看，美国国会预算办公室5月25日发布测算报告显示，利率上升和债务增加将导致未来10年净利息支出在美国国内生产总值中的占比翻倍，从2022年的1.6%升至2032年的3.3%，远高于50年来2.0%的平均水平。从家庭方面看，美联储快速加息会加大美国消费者的债务成本，使家庭现金流状况不断恶化，进而遏制消费增长。6月10日，美国密歇根州立大学公布初步数据显示，美国6月份消费者信心指数为50.2，大大低于市场预期的58.5和5月份的58.4。这对一季度已经出现负增长的美国经济来说可不是什么好兆头。如果再加上无法确切统计的企业债务，不难看出美国经济衰退的风险正在迅速加大。

欧洲的债务问题同样不小。高通胀压力下，欧洲央行6月9日宣布，决定自7月1日起停止净资产购买，并计划在7月份将关键利率上调25个基点。为刺激欧元区经济复苏，欧洲央行从2014年6月进入负利率时代，如今欧洲央行的主要再融资利率、边际借贷利率和存款机制利率分别维持在0.00%、0.25%和负0.50%。有分析指出，这种利率环境让一些政府、企业和家庭习以为常，欧洲一些国家的政府债务水平却像“堰塞湖”一般处在令人担忧的高位，如果欧洲启动加息，那些债务水平高、经济增长慢的国家发生债务危机的可能性不小。

美欧面临的债务风险，不仅威胁其自身经济增长，也会给世界带来负面外溢效应。有分析指出，美国经济衰退将引起全球外需下滑、削弱美元储备资产安全性、加剧全球金融动荡等。上周，世界银行和经合组织将今年全球经济增长预期分别大幅下调至 2.9% 和 3% 左右。

面对严峻的经济形势，世界需要更务实的协调与合作。6 月 9 日举行的金砖国家第 12 次经贸部长会议上，部长们一致同意加强数字经济、贸易投资与可持续发展、供应链、多边贸易体制等领域合作。与美欧频频传出的坏消息相比，这应当是上周世界经济中为数不多的一抹亮色。

（刊发于 2022 年 6 月 14 日国际版）

提振多边贸易体制信心

世界贸易组织第12届部长级会议（MC12）上周取得多项成果。在百年变局叠加世纪疫情，经济全球化遭遇逆流的当下，这些成果有力提振了全球对多边贸易体制的信心，为各方团结协作、共克时艰提供范例。

6月17日，在多轮密集谈判磋商后，MC12在新冠肺炎疫情应对、防疫相关知识产权豁免、粮食安全、世界粮食计划署人道主义粮食采购、渔业补贴、电子传输暂免关税和世贸组织改革等议题上取得成果。其中，《渔业补贴协定》是世贸组织过去9年达成的首份多边协定。这为实现联合国2030年可持续发展议程作出重要贡献。世贸组织总干事恩戈齐·奥孔乔–伊维拉指出，会议成果表明“世贸组织成员可以跨越地缘政治分歧而走到一起，共同解决全球公共问题”。

上一届世贸组织部长级会议于2017年12月在阿根廷布宜诺斯艾利斯举行。彼时，全球贸易增长来之不易的复苏向好势头遭遇日益严重的单边主义和保护主义冲击。以美国为首的一些国家阻挠上诉机构成员遴选程序启动，导致世贸组织上诉机构至今处于停摆状态，严重影响争端解决机制的有效运行；滥用“国家安全例外”条款、不符合世贸组织规则的单边措施以及对现有贸易救济措施的误用和滥用，破坏了以规则为基础、自由、开放的国际贸易秩序，影响了世贸组织成员特别是发展中成员的利益。这些做法严重冲击多边主义和自由贸易体制，损害了世贸组织的权威性和有效性，再叠加近年来美国挑起的中美经贸摩擦、新冠肺炎疫情和俄乌冲突等影响，给世贸组织多边贸易体制带来严峻挑战。

除了外部挑战之外，世贸组织内部改革的紧迫性和必要性也十分突出。多哈回合谈判在农业、发展和规则等议题上进展缓慢，反映 21 世纪国际经济贸易现实的电子商务、投资便利化等新议题没有得到及时处理，贸易政策透明度有待加强，世贸组织机构运行效率亟待提高。

在此背景下，MC12 此次取得多项成果，令人振奋。这充分反映出在诸多全球性挑战面前，国际社会加强协作、弥合分歧、发挥多边贸易体制重要作用的强烈意愿。有分析认为，多项重要议题达成共识，在关键时刻重振了多边贸易体制的信心，对维护多边主义具有重要意义。同时，这也为解决当前其他全球性问题提供了有益经验。

不过，世贸组织的结构性体制性问题并未解决。被称作世贸组织三大支柱的争端解决机制、多边贸易谈判和贸易政策监督等方面问题依旧突出。因此，世贸组织各成员应尽快就改革形成具体的路线图和工作方案，解决危及世贸组织生存的关键和紧迫性问题，增加世贸组织在全球经济治理中的相关性，提高世贸组织的运行效率，增强多边贸易体制的包容性。正如中国常驻世贸组织代表李成钢呼吁的，世贸组织“出路在于改革，唯有改革才有未来”。

（刊发于 2022 年 6 月 21 日国际版）

谁为美货币政策加速收紧埋单

上周，美联储主席鲍威尔再度表明为遏制高通胀加速收紧货币政策的态度。这不仅进一步加大了美国陷入经济衰退的可能，也正在加剧全球特别是新兴市场国家和发展中国家的财政金融压力，进而引发债务危机、资本外流等一系列问题。美国加速收紧货币政策正在让全世界为其埋单。

6 月 22 日至 23 日，鲍威尔在参加美国国会货币政策听证会期间称，将坚决致力于把通胀率降下来，正迅速采取行动恢复物价稳定，“美联储关于抗击美国高通胀的承诺是无条件的”。他同时承认，存在加息过多过快导致美国经济衰退的可能性。美联储在今年 3 月份以来的三次货币政策例会后都宣布加息，其中 6 月份会议后宣布加息 75 个基点，是 1994 年以来单次最大幅度的加息。分析认为，美国当局加速收紧货币政策的举动恰如推倒多米诺骨牌，在美国国内和全世界引起一系列连锁反应。

从美国国内情况看，利率的持续快速增加迅速提高了美国经济大部分领域的借贷成本，遏制了美国企业融资能力，也让习惯于借贷消费的美国消费者为信用卡、房贷和车贷支付更多利息。

以房贷为例，美国房地美公司最新数据显示，30 年期固定利率房贷的平均利率上升至 5.81%，为 2008 年 11 月份以来的最高水平，该利率在今年年初仅为3%左右。不断上升的购房成本正在将购房者挤出市场。美国全国房地产经纪人协会6月21日数据显示，美国5月份成屋销售连续4个月下滑，销售额较4月份下降了3.4%。

同时，美联储持续加息已在美国科技公司中拉响警报。根据美国查林杰－格雷－克里斯马斯职业介绍所的数据，仅在5月份，科技行业就有4044人被解雇，超过此前4个月的总和，是自2020年12月份以来的最高数字。从特斯拉、奈飞、Meta到“比特币基地”等，近期先后传出裁员或暂缓招聘的消息。

加息引发美国经济衰退的迹象，已经越来越明显。与鲍威尔的极力淡化不同，国际货币基金组织（IMF）总裁格奥尔基耶娃讲得更加直接。6月24日，IMF将今年美国经济增长预期从4月份的3.7%下调至2.9%，将2023年增长预期从2.3%下调至1.7%。格奥尔基耶娃当天表示，根据美联储6月份货币政策会议阐述的政策路径，“美国经济规避衰退的路径正在变窄，今明两年美国经济面临严重下行风险”。

从全球情况看，美国加快收缩货币政策对全球特别是新兴市场国家和发展中国家带来较大冲击。美联储加息推升美元指数，在新兴市场国家的风险资金会借机抛售资产加速外流，引发新兴市场国家本币贬值，带动进口商品价格上涨，进而导致以美元计价的债务膨胀，引起连锁反应。6月7日，国际金融协会（IIF）公布对新兴市场国家海外投资动向显示，今年4月份至5月份，除中国以外的新兴市场国家连续两个月出现资金流出，金额合计达275亿美元，这是自2018年6月份以来首次出现这种情况。IIF数据显示，截至今年3月底，新兴市场国家以美元计价的债务已经接近100万亿美元，还有进一步增大的风险。

有分析指出，在通胀高企、美国加速收紧货币政策的情况下，持续快速加息成为多国不得不“跟”的选择。有外媒测算，今年1月份至6月份，各国央行上调政策性利率次数超过80次，其中新兴市场国家为60余次，超过了2008年同期的50次。然而，过快过多提高利率，会带来经济衰退的风险。这种不能不加息又不能发力加息的两难境地，与美国目前情况何其相似，这正是美国持续向外部投射转移内部矛盾带来的恶果。

（刊发于2022年6月28日国际版）

欧债危机会不会再度来袭

近期，欧元区通胀率持续攀升，欧洲央行不断释放采取更果断行动遏制通胀的明确信号。伴随欧元区利率由负转正，一些欧洲国家面临的债务风险也将不断加大。这种局面下，市场普遍担忧，欧洲债务危机是否会再度来袭。

7 月 1 日，欧盟统计局初步数据显示，欧元区 6 月份通胀率按年率计算达 8.6%，再次创下历史新高。从不同国别看，德国通胀率为 8.2%，法国为 6.5%，意大利为 8.5%，西班牙为 10%，均处于高位。此外，波罗的海三国通胀率高达 20% 左右。有分析指出，早在 6 月 9 日，欧洲央行就宣布从 7 月 1 日起停止净资产购买，并计划在 7 月份将欧洲关键利率上调 25 个基点，在新冠肺炎疫情和俄乌冲突等多重因素的冲击下，遏制通胀成为欧洲最紧迫却又最棘手的问题。

货币政策收紧引发了新问题。欧洲央行从 2014 年 6 月份进入负利率时代，持续多年的超低利率似乎已让人习以为常，欧洲一些国家政府债务水平像“堰塞湖”一般处在令人担忧的高位，欧洲央行自 2015 年至今还实施了多轮资产购买计划。如今，欧元区国家债务规模已超过 12 万亿欧元，欧洲进入加息周期后，融资成本上升会增加高负债欧元区国家债务可持续性风险，削弱欧洲央行应对危机的能力。近期，意大利 10 年期国债收益率自 2014 年 1 月份以来首次突破4%，意大利和德国基准10年期国债息差扩大至2.4%，引发市场对欧洲债务危机再度来袭的担忧。有分析认为，欧洲启动加息后，那些债务水平高、经济增长慢的国家发生债务危机的可能性不小。

面对投资者对欧洲应对债务危机能力的质疑，欧洲央行、欧元集团负责人纷纷出面安抚市场情绪。6月20日，欧元集团主席帕斯卡尔·多诺霍称，当前形势与10年前欧元区面临的主权债务危机不一样，现在的欧元区拥有“更强大的架构”和“共同货币的更深厚基础”。欧洲央行行长拉加德近期表示，欧洲央行7月1日启动债券购买计划，以应对可能发生的债务危机。拉加德称，一旦欧元区各国债券收益率利差急剧扩大，阻碍了货币政策向经济部门传导，欧洲央行将采取行动，如有必要将开发新的工具来应对。而在一些专家看来，债券收益率上升短期内不太可能造成新的债务危机，“欧洲国家可以更有针对性地干预政府债券市场，以防止出现新的危机”。

与债务危机相比，能源危机对欧洲的威胁更加迫在眉睫。俄乌冲突发生之前，俄罗斯每年向欧洲输送约1500亿立方米天然气，再加上部分液化天然气，超过欧洲大陆天然气进口总量的40%。今年3月份以来，由于欧洲亦步亦趋地追随美国制裁俄罗斯，引发俄在能源领域对欧反制，使得欧洲面临的能源问题不断恶化，短期内看不到迅速解决的可能。欧洲能源被“卡脖子”，势必进一步推升通胀。数据显示，6月份欧元区能源价格同比上涨41.9%，成为推升当月通胀的主要因素。

分析认为，这种局面如果迟迟无法改观，再叠加疫情、粮食、供应链以及美国收紧货币政策等因素影响，欧洲经济将面临衰退，并引起连锁反应。届时，欧洲再次发生债务危机的可能性恐怕会大幅提升。

（刊发于2022年7月5日国际版）

以发展与合作提升经济复苏确定性

刚刚过去的一周，世界很不宁静：英国政局动荡、日本前首相遇刺、斯里兰卡骚乱等突发事件轮番出现，其连锁反应令全球复苏形势更加晦暗不明。

在新冠肺炎疫情延宕、国际安全形势动荡不安、世界经济遇挫下行之际，面对频频出现的“黑天鹅”“灰犀牛”事件，世界亟待以更加务实的发展和更加紧密的合作，提升全球经济复苏的确定性。

7月7日，在包括卫生大臣、财政大臣在内的数十名英国官员相继辞职之后，英国首相约翰逊宣布辞去执政党保守党党首和首相职务。这番变故的直接诱因是“聚会门”事件、保守党选举失利和任人不当等丑闻，但终究脱不开英国通胀失控引发民怨鼎沸的背景。

统计显示，英国5月份居民消费价格指数同比上涨9.1%，继4月份后再创40年来新高。而从2021年12月至今，英国半年已5次加息。有分析指出，民众普遍对约翰逊政府应对物价上涨不力不满意，这被认为是保守党人不愿再接受约翰逊领导，导致其突然遭遇“众叛亲离”的重要原因之一。

7月8日，日本前首相安倍晋三在奈良市街头演讲时遭枪击，经数小时抢救后宣布不治身亡。分析认为，在日本经济面临消费持续低迷、贸易逆差屡创新高、大型制造业企业信心指数持续下滑等多种困扰的局面下，安倍的突然离世对日本经济特别是日本央行超宽松货币政策的影响不可低估。

7月9日，斯里兰卡首都科伦坡爆发抗议活动，总统戈塔巴雅·拉贾帕克萨和总理维克拉马辛哈先后宣布辞职。今年以来，斯里兰卡持续受到粮食和债务危机的困扰，由此引发政局不稳的局面。有分析指出，美国近期快速收紧货币政策正在全球推升债务风险，斯里兰卡的境遇给许多背负了美西方国家商业债权人和多边金融机构债务的发展中国家敲响了警钟。

久拖不决的欧洲能源危机出现长期化迹象。7月9日，德国总理朔尔茨警告称，能源短缺问题或将影响德国数年之久，“这不是几天的问题，而是未来数周、数月、数年的问题”。据报道，如果德国联邦政府宣布天然气应急计划进入第三级警报阶段，部分企业和工业将不得不接受天然气断供。有分析指出，持续发酵的能源危机，不断推升欧元区滞胀风险，受此影响，欧元对美元汇率持续下跌。7月8日，欧洲外汇交易市场欧元对美元汇率盘中跌破1欧元兑换1.01美元的关口，创近20年来新低，逼近1比1大关。

面对各类挑战，联合国7日发布的《2022年可持续发展目标报告》警告，相互叠加的多重危机直指17个可持续发展目标，国际社会必须为拯救2030年可持续发展议程作出新的努力。报告强调，国际社会应为未来的未知挑战做好准备。

应对未知挑战，需要各方凝聚共识、加强协作，通过谋发展、促合作推动世界经济包容性复苏和增长。7月8日，二十国集团外长会闭幕。与会外长呼吁国际社会一致行动，强化多边主义。这正是当前世界迫切需要的声音。

（刊发于2022年7月12日国际版）

美国经济技术性衰退风险上升

美国居民消费价格指数（CPI）上周再度创下新高，而同期美国失业率却维持在较低水平。两项关键数据指向截然不同的经济前景，美国经济是朝着衰退而去，还是实现“软着陆”呢？

美国劳工部数据显示，6 月份美国 CPI 同比增长 9.1%，涨幅达到 1981 年 11 月份以来最大值。这迅速推升了市场对美联储在 7 月份货币政策会议上加息 75 个基点的预期，对美国经济出现衰退的担忧也不断加剧。有机构预计，美国经济在一季度按年率计算下降 1.6% 之后，二季度继续下滑的概率很大，如果连续两个季度萎缩，意味着美国经济将陷入技术性衰退。

美国当局信誓旦旦要遏制通胀，但近期一些具体行动并未带来明显效果。就拿能源来说，6 月份美国能源价格同比暴涨 41.6%，是推升 CPI 的重要动力，成为美国遏制通胀的“拦路虎”。因此，美国正寻求推动各方增加全球市场原油供应来降低油价。然而事与愿违，上周拜登的中东之行以平淡收场。沙特阿拉伯仅仅宣布有能力提高石油产能而非实际产量，至于美国希望拉拢中东国家对抗伊朗、俄罗斯等国从而打压油价的意图，并没有得到各方明确回应。受此影响，国际原油价格回升。7 月 15 日，9 月份交货的伦敦布伦特原油期货价格回到 100 美元之上。

看上去，美国经济正沿着“通胀导致加息，加息带来衰退”的路径发展。但由于美国失业率持续保持低位，“衰退可以避免”的观点也颇有市场。美国劳工部数据显示，美国6月份非农就业人口季调后增加37.2万人，远超预期值26.8万人，失业率则连续4个月保持在3.6%的低位。美联储理事克里斯托弗·沃勒上周表示，在3.6%的失业率下发生经济衰退是非常困难的。他认为，基于强劲的劳动力市场，软着陆“非常有可能”，经济衰退可以避免。

那么，从美国看上去美好的失业率数据，能得出劳动力市场强劲的结论吗？实际情况要复杂得多。

美国劳工部数据显示，6月份劳动参与率自5月份的62.3%下滑至62.2%，不及市场预期的62.4%，离疫情之前的2020年2月63.4%的水平仍有较大差距。低失业率的背后是持续多时的“招工难”。虽然美国经济界一直将“招工难”归咎于联邦失业补贴降低了就业意愿，但大多数地区失业补贴措施已经到期，真正的症结与美国社会普遍存在但讳莫如深的疫情后遗症关联度很高。

首先，疫情的持续蔓延导致美国超过100万人口死亡，移民数量也受到影响而锐减，对劳动力供给带来明显冲击。同时，疫情导致许多低薪、艰苦、远距离通勤或需要高频率与人近距离接触的就业缺口迟迟无法填补。此外，大量民众感染治愈后，健康状况依然不能恢复，特别是对从事重体力劳动的蓝领阶层、低收入阶层影响更大。不仅如此，有专业机构指出，美国劳工部的报告夸大了就业增长。高盛认为，报告中的家庭调查显示，6月份就业人数减少了31.5万人，是疫情暴发以来第二大单月降幅，仅次于今年4月份减少的35.3万人，“实际上美国的劳动力市场正在降温”。

如此看来，美国经济是衰退还是“软着陆”，答案呼之欲出。

然而，美国冒着衰退风险也要激进加息，真正目的是什么？这将给世界带来什么？

对美国来说，修补因货币超发而受损的美元信用恐怕更加急切。美联储激进加息对遏制通胀效果有限，但对美元指数走势的影响却不小。自今年3月份美联储加息以来，美元指数一路狂飙，目前已经突破108，创下近20年来的新高。

如今，美元指数飙升正刺激新兴市场国家的风险资金抛售资产加速外流，使新兴市场国家本币贬值，带动进口商品价格上涨，进而导致以美元计价的债务膨胀，引起各种连锁反应。斯里兰卡的境遇已印证了这一过程。7月15日，美国财政部长耶伦呼吁新兴市场国家在考虑资本管制和外汇干预时，要与国际货币基金组织（IMF）磋商。这番表态，让经历过亚洲金融危机和国际金融危机的人们，多少又嗅到一丝熟悉的血腥味道。

（刊发于2022年7月19日国际版）

欧洲高负债国家如何面对加息

上周，欧洲央行超预期加息给欧洲高负债国家带来不小冲击。尽管欧洲央行已对此有所准备，但如果有关国家不能有效应对债务问题，那么欧洲应对危机的对策恐怕会陷入“头痛医头、脚痛医脚”的怪圈。

7 月 21 日，欧洲央行召开货币政策会议，宣布从 7 月 27 日起实施 2011 年以来首次加息，将欧元区主要再融资利率、边际借贷利率和存款机制利率均上调 50 个基点，分别至 0.5%、0.75% 和 0，欧元区存款机制利率结束了 2014 年 6 月份以来的负利率。由于欧洲央行在 6 月上旬曾吹风，计划 7 月份加息 25 个基点，因而欧洲央行此次利率调整被认为超出市场预期。

欧洲加息“靴子”落地，欧元区国家融资成本抬升。欧洲持续多年的超低利率为欧洲摆脱债务危机提供了有利条件，但也导致欧洲一些国家债务水平持续处于高位。如今，欧元区国家债务规模已超过 12 万亿欧元。欧洲进入加息周期后，融资成本上升会导致一些成员国债券收益率利差扩大，给债务水平高、经济增长慢的欧洲国家带来不小麻烦。

意大利的境遇即是如此。7 月 14 日，由于执政伙伴“五星运动”党拒绝支持德拉吉政府帮助民众应对能源和生活成本上升的 260 亿欧元纾困方案，这让德拉吉认为支撑执政联盟的信任基础不复存在，向总统递交辞呈但未获批准。7 月 20 日，意大利参议院举行对政府的信任投票，执政联盟 3 个主要党派议员缺席，内部分歧激化。7 月 21 日，就在欧洲央行宣布加息前几个小时，意大利总统马塔雷拉接受了总理德拉吉辞呈。

有分析指出，意大利经济自欧债危机后本就增长乏力，近年来更是饱受新冠肺炎疫情和高通胀的轮番冲击。据不完全统计，意大利政府债务已超过其 GDP 的 150%，加息后，意大利向欧洲金融市场举债将更加困难。欧洲央行加息前，意大利 10 年期国债收益率 6 月中旬曾突破 4%，和德国基准 10 年期国债息差扩大至 2.4%，引发市场对欧洲债务危机再度来袭的担忧。

低增速、高负债的欧洲国家并非只有意大利，希腊、西班牙、葡萄牙乃至法国等国的情况都不算乐观。为了平息投资者对欧债危机再次爆发的恐惧，欧洲央行在 21 日加息同时推出名为“TPI“”（Transmission Protection Instrument，传导保护机制）的反金融碎片化工具，以确保当某一欧元区国家国债收益率风险溢价大幅上升时，欧洲央行可以利用此工具购买该国债券，防止融资成本飙升引发债务危机。不过，这项工具的实际效用仍待验证。

欧洲高负债国家当如何应对加息？短期来看，类似于意大利德拉吉政府提出的纾困方案未尝不是应急之举。但是，债务问题是长期累积而成的，特别是欧元区成立后货币统一但财政不统一的问题一直没有解决，加上一些国家缺乏深度的结构性改革，导致公共债务不断恶化的趋势并未得到根本性扭转。债务累积日久，造成有关国家经济体系严重失衡，这又进一步增加了解决问题的难度。

因此，关键还在于推进有效的结构性改革，压低赤字水平、推动实现可持续的经济增长，从而在改善公共财政与可持续的经济增长之间形成良性循环。这一方面要求相关欧洲国家在支持政府推进改革问题上形成共识，另一方面也需要推进欧洲一体化进程，形成利于改革的外部条件。不过，这对眼下的欧洲来讲并非易事。从这点看，作为曾经的欧洲央行行长，德拉吉选择在欧洲央行加息前离开，多少有些“明哲保身、溜之大吉”的意味。

（刊发于 2022 年 7 月 26 日国际版）

美国遏制通胀代价越来越高

上周，在美联储再度宣布加息之际，最新公布的数据显示，美国经济出现连续两个季度负增长，这引起有关美国经济衰退的诸多议论。随着经济衰退预期不断提升，美国为遏制通胀所付出的代价正变得越来越高。

7 月 27 日，美联储在结束为期两天的货币政策会议后宣布加息 75 个基点，将利率目标区间上调到 2.25% 至 2.5%。美联储称，与新冠肺炎疫情相关的供需失衡、能源价格上涨和更广泛的价格压力以及俄乌冲突等相关事件导致通胀率居高不下。美联储主席鲍威尔会后表示，在 9 月份的会议上再一次进行“超乎寻常的大幅加息”可能是合适的。

这是美联储今年以来第四次加息，也是连续第二次加息 75 个基点。有分析认为，此前，美国当局一度认为“通胀上行不会造成持续性问题”，对收紧货币政策显得十分犹豫。如今，6 月份美国居民消费价格指数（CPI）飙升至 9.1%，涨幅创近 41 年新高，美联储又在近期加息中表现得十分激进。前后对比可谓进退失据。持续收缩货币政策带来的经济成本攀升，美国股票和债券市场遭遇大幅下跌，消费者信心下挫，住房需求降温，部分经济领域增长放缓。这对美国经济产生“温水煮青蛙”式的影响，引起衰退乃至经济硬着陆的概率正在增加。

7月26日，国际货币基金组织（IMF）发布《世界经济展望报告》更新内容，将美国2022年和2023年经济增长预期调整为2.3%和1.0%，分别比4月份的预测大幅下调1.4个和1.3个百分点。7月28日，美国商务部数据显示，美国二季度国内生产总值（GDP）按年率计算下滑0.9%，继一季度下滑1.6%之后再次萎缩。连续两个季度出现经济萎缩，已符合美国经济学界“技术性衰退”定义。

有研究机构认为，美国经济的列车已然“向衰退驶去”，更危险的情况在于，虽然美国衰退迹象已十分明显，但高企的通胀仍迫使美联储不得不持续加息，下半年美国经济面临的压力还将进一步增加。

不过，虽然面临巨大压力，但美国当局仍坚称美国目前的情况不能算作衰退。7月24日，美国财政部部长耶伦在有关数据公布前夕称，美国就业市场依旧强劲，工业生产和贷款情况依旧良好，“没有看到任何迹象表明美国经济陷入大范围衰退”。7月27日，鲍威尔表示，美国经济虽然增速放缓，但就业市场依然强劲，不认为美国已进入经济衰退。7月28日，美国总统拜登就二季度数据发表声明，将“黑锅”扣到美联储身上，称经济放缓源于美联储采取行动抑制通胀，但他也提及“就业市场保持历史上的强劲势头”。

看起来，就业已成美国拒绝承认衰退的底气所在。然而，如果从劳动参与率、薪资水平、劳动力市场结构等指标来看，美国劳动力市场衰退的可能性同样不小。

首先，美国6月份劳动参与率自5月份的62.3%下滑至62.2%，比2020年2月份63.4%的水平低1.2%，相当于少了超过300万的就业人口。

其次，美国劳工部 7 月 29 日数据显示，今年二季度美国就业成本指数增长 1.3%，涨幅接近历史最高水平，加剧美国通胀水平走高，令美国可能陷入通胀预期和工资螺旋式上升的恶性循环。

最后，疫情对就业的影响在向深层次发展。疫情的持续蔓延导致美国超过 100 万人口死亡、移民数量也受到影响而锐减，对劳动力供给带来明显冲击。新冠后遗症更严重削弱美国部分群体的工作能力。7 月 19 日，美国众议院小组委员会听证会的数据显示，美国感染过新冠病毒的成年人中约有五分之一仍带有“长新冠”（long-covid）症状，大约有 100 万美国人受相关症状（主要包括呼吸短促、认知功能障碍以及疲劳）拖累而被迫离开就业市场。

此外，有机构研究指出，由于美国多年遗留的制造业衰落、基础设施老化、劳动力素质退化乃至社会财富分配不公等矛盾集中爆发，在美国出现的“辞职潮”未尝不是社交媒体时代的一种罢工形式，这对美国就业市场的影响恐怕更加深远。

相对于经济基本面的变化而言，就业情况转变并不明显，数据滞后可能令美国当局对此反应迟缓甚至再度误判，对收紧货币政策的节奏把握不当。一旦就业这根“救命稻草”没了，美国经济出现硬着陆也并非没有可能。

（刊发于 2022 年 8 月 2 日 国际版）

新兴市场国家饱受美加息困扰

上周，多国宣布了年内新一轮加息决定。其中，广大新兴市场国家和发展中国家尚未摆脱美欧货币超发引起的高通胀冲击，又饱受美国激进加息引发的资本外流、债务问题困扰，可谓“屋漏偏逢连夜雨”。

在美国再度宣布加息之后，从西欧到南美，从南亚到大洋洲，跟进加息成为各国不约而同的决定。8 月 2 日，澳大利亚储备银行（央行）宣布今年以来第四次加息，将基准利率上调 50 个基点至 1.85%，同时上调外汇结算余额利率 50 个基点至 1.75%。3 日，巴西中央银行宣布年内第四次加息，将基准利率上调 50 个基点至 13.75%。4 日，英格兰银行宣布将基准利率从 1.25% 上调至 1.75%，这是自去年 12 月份以来英国央行第六次加息。5 日，印度央行宣布本财年（2022 年 4 月至 2023 年 3 月）第三次加息，将基准利率提高 50 个基点至 5.4%。

不断加剧的通胀压力已成为多国央行的头号“敌人”。国际货币基金组织（IMF）7 月数据显示，自 2021 年 7 月份以来，全球至少有 75 家央行提高了利率。有分析指出，在新冠肺炎疫情持续蔓延、通胀居高不下、增长依旧乏力的背景下，通过收紧货币政策来对抗通货膨胀将明显减缓全球经济活动。据不完全统计，新兴市场国家利率的平均涨幅约为发达经济体的两倍左右，这表明通胀对它们的打击更大，若再叠加美联储持续激进加息的冲击，这意味着其面临的资本外流和债务问题较发达经济体更为严重。

新兴市场国家和发展中国家正面临严峻的资本外流形势。美国当局激进加息迅速推升美元指数，在新兴市场国家的风险资金借机抛售资产加速外流。8 月 3 日，国际金融协会（IIF）公布数据显示，截至今年 7 月份，新兴市场连续 5 个月遭遇投资组合资金净流出，总额累计超过 390 亿美元。这成为自 2005 年以来新兴市场连续资金净流出时间最长的记录，也与美联储 3 月份启动加息并不断加速收紧的时间线相吻合。IIF 有关人士分析指出，近期资金流动的大部分动力可归因于美元 (汇率)。不仅如此，几乎所有发达经济体的长期政府债券收益率都大幅上升，这对资金规避风险的偏好产生明显影响。

资本外流加剧了新兴市场国家本币贬值，引起连锁反应。尽管一些央行努力试图减缓本币贬值，但在美联储不断释放鹰派加息，美元随之一路飙升的情况下，包括欧元、印度卢比、智利比索和斯里兰卡卢比在内的多种货币兑美元汇率今年都触及历史新低。货币贬值带动进口商品价格上涨，导致以美元计价的债务膨胀，在有关国家和地区引发了诸如外汇短缺、通胀加剧、财政赤字增加和政局不稳社会动荡等“副产品”。IMF 在 7 月中旬曾警告，超过 30% 的新兴市场国家和 60% 的低收入国家已经处于或接近过度负债的状态。有关国家和地区为应对危机采取加息等紧缩政策会进一步提升借贷成本，偿债将成为沉重的负担，企业活动和家庭消费也可能进一步下滑。

当前，美国经济已陷入技术性衰退，美联储收紧货币政策却未有转向迹象，这使得美国经济迅速降温，加重全球经济下行压力的态势越发清晰。有分析指出，世界经济增长特别是新兴市场国家受制于美国的货币政策，表现出“因美而起，因美而衰”的特征，这反映出美国在当下只愿享受美元作为主要国际货币的“红利”，却不愿承担相应责任的体制性问题，这正是全球经济治理体系亟待纠正的痼疾之一。

（刊发于 2022 年 8 月 9 日国际版）

极端高温让欧洲经济祸不单行

今年夏天，北半球多地迎来极端高温天气“烤”验。从东亚、北美到欧洲，高温纪录不断被打破。尤其是对饱受俄乌冲突和高通胀冲击的欧洲来说，极端高温引发干旱等系列影响，给步履蹒跚的欧洲经济复苏带来了新难题。

7 月 15 日，英国气象局发布有史以来首个异常高温红色预警；8 月 12 日，英国政府宣布英格兰 14 个地区中已有 8 个地区处于干旱状态。当天公布的英国全国水情报告显示，英格兰刚刚经历了 1935 年以来最干旱的 7 月份。多年来以气候温润著称的英国尚且如此，欧洲其他地方干旱更加严重。据报道，欧洲大陆西部、中部和南部地区近 2 个月没有出现明显降雨，正在经历一场史无前例的旱灾。

有分析指出，虽然高温干旱状况引发对气候变化的关注讨论，但如今欧洲最紧迫的事务是应对极端高温带来的粮食、电力、航运和次生灾害等问题，以及由此对经济带来的影响。

首先，极端高温导致粮食减产。干旱影响欧洲的农业收成，无论是主食还是特色食品都无例外。德法的小麦、比利时的马铃薯和豆类、罗马尼亚的玉米、西班牙的橄榄、意大利的水稻甚至匈牙利的蜂蜜等，无不受到高温影响。欧盟委员会联合研究中心 7 月 18 日发布的报告指出，欧盟和英国总计近一半的领土面临干旱风险，缺水和高温将导致法国、罗马尼亚、西班牙、葡萄牙和意大利的农作物产量下降，预计玉米、向日葵和大豆的产量将下降8%至9%。世界气象组织秘书长彼得里·塔拉斯警告，极端高温天气将加剧当前因俄乌冲突引起的严重农作物减产。

其次，极端高温加剧电力短缺。俄乌冲突引发的天然气供应短缺已给欧洲电力系统带来巨大压力，而极端高温进一步影响了欧洲水电、核电生产。高温导致河流、湖泊和水库的蒸发量加大，不仅使水位降低，也让水温升高无法有效冷却核反应堆。有机构测算，欧洲今年前7个月水力发电量较去年同期减少20%，核能发电量减少12%。

再次，极端高温影响贸易运输。高温带来的干旱大幅度降低了欧洲内陆水网水位，从波河到莱茵河，水路运输受到极大限制，某些区域甚至已经断流。以莱茵河为例，作为将德国工业中心和欧洲主要港口连接起来的关键西北欧水道，其水位已经降至40厘米左右的危险水平。有报道称，对于必须向南航行的莱茵河中部地区的船只来说，水位低于40厘米，普通船只将无法通行。值得注意的是，8月10日，欧盟正式停止购买俄罗斯煤炭，作为替代方案，德国政府已动用封存的煤电产能弥补能源缺口。在这种背景下，作为煤炭运输的大动脉，莱茵河航运一旦因干旱受到冲击，其影响不仅是推高运输成本那么简单，更将对德国工业中心地带乃至于德国经济造成严重影响。

此外，极端高温引起次生灾害。南欧部分地区的气温持续在40摄氏度左右，引起了森林火灾等严重的次生灾害。如葡萄牙、西班牙和法国部分地区遭受严重的山火。法国西南部吉伦特地区近日发生森林火灾，截至 8 月 11 日晚，已造成近 7400 公顷森林被毁，上万人被迫疏散。欧洲森林火灾信息系统（EFFIS）预计，2022 年很可能成为欧洲森林毁于山火最多的一年。

7 月底数据显示，今年二季度欧元区国内生产总值（GDP）环比增长 0.7%，勉强实现正增长。同时，8 月 12 日数据显示，二季度英国国内生产总值（GDP）环比萎缩 0.1%。就欧洲整体情况来看，在能源危机、高通胀、疫情反复以及货币政策收紧等因素冲击下，持续高温干旱对欧洲经济可谓祸不单行。应当说，欧洲如能就能源等问题与俄罗斯达成谅解，其境遇将大有改善的余地，但若欧洲在政策上执意随美国“亦步亦趋”，那恐怕只能是离欧洲战略自主越来越远，离经济衰退倒越来越近了。

（刊发于 2022 年 8 月 16 日国际版）

新冠疫情仍在严重拖累全球经济

一段时间以来，新冠肺炎疫情对经济的影响被部分试图以“躺平”换取经济增长的国家淡化，仿佛“只要不主动提，影响就最小”。不过，随着一轮轮疫情持续不断冲击，一些国家不得不在“防控”和“解封”间来回横跳，疫情对其经济增长的拖累依然严重。

8 月 17 日，世界卫生组织表示，过去 4 周全球报告的因新冠肺炎疫情死亡人数增加了 35%。仅在过去一周，全球就有 1.5 万人因新冠肺炎死亡。世卫组织称，随着北半球天气的变化，预计未来几个月病毒传播的风险只增不减。

这个消息对有些国家可谓雪上加霜。8 月 17 日，美国疾病控制和预防中心主任萝谢尔・沃伦斯基对外承认，该机构应对新冠肺炎疫情不够及时且缺乏清晰的行动方案，“需要对一些相当戏剧性、公开的错误负责，从病毒检测到疫情数据再到信息沟通”。沃伦斯基这番表态聊胜于无。毕竟，美国由于应对疫情失败已导致超过 100 万美国人死亡，科研实力和医疗技术均处于世界领先地位的美国对此多少要有所交待。

新冠肺炎疫情对美国经济的伤害仍在持续。8 月 15 日，美国 8 月份纽约联储制造业指数降至 –31.3，较 7 月份的 11.1 大跌逾 42

个点，成为该指标有记录以来的第二大月度跌幅。这反映出美国制造业商业状况显著恶化，更被市场视作美国经济可能陷入实质性衰退的重要征兆。该指数的分项数据显示，当月员工工作时长指数跌 17.4 点，员工数量指数跌了 10.6 点。有分析指出，这表明疫情对就业的影响在向深层次发展，新冠后遗症正严重削弱美国部分群体的工作能力，进而发展为美国劳动力供应不足的结构性问题阻碍经济增长。

近期披露的诸多研究表明，新冠后遗症对美欧就业市场的影响或将长期存在。7 月 19 日，美国众议院冠状病毒危机特别小组委员会听证会的数据显示，美国感染过新冠病毒的成年人中约有五分之一仍带有“长新冠”（long-covid）症状，大约有 100 万美国人受相关症状（主要包括呼吸短促、认知功能障碍以及疲劳）拖累而被迫离开就业市场。8 月 4 日，英国国家统计局报告称，自 6 月 5 日至 7 月 2 日，英国有 180 万人正在承受“长新冠”症状的影响。数据显示，“长新冠”患者在英国近期退出劳动力市场人口（失业并且不积极寻找新工作的人口）中的比例升至 5%，去年同期这个数字仅为 2.4%。英国财政研究所 7 月份的一份报告则称，“长新冠”可能对劳动力市场产生“一种非常持久的影响”。

日本疫情更不容乐观。疫情恶化正在让日本医疗系统发生挤兑。8 月 15 日，京都大学医学部附属医院等京都府 14 家医疗机构发出联合声明称，京都府处于“本可以挽救的生命挽救不了”的医疗崩溃状态。声明警告，感染新冠病毒“绝对不是简单的感冒一样的病”。8 月 19 日，日本报告新增病例超过 26 万例，创下疫情以来新高。8 月 21 日，日本政府确认首相岸田文雄感染新冠病毒。有分析指出，由于日本经济动能不足，日本政府在应对严重疫情时并没有采取措施限制经济活动，然而“躺平”却让日本经济面临疫情反弹导致消费和生产承压，这种结果怕是让日本的决策者始料未及。

在严峻的经济形势面前，不同国家的表现耐人寻味。欧洲近期屡屡警示高通胀、高温和能源危机，日本则相对沉默，而美国当局依然以失业率处在历史低点为证据，坚称美国并未陷入衰退。不过，美国一些市场机构对就业的看法与美国政府相左，近期屡屡质疑美国非农数据可靠性，而一些知名的财经博客则不无讽刺地提到，或许要到中期选举之后，美国政府才会承认劳动力市场不容乐观的事实。

（刊发于 2022 年 8 月 23 日国际版）

对欧洲碳中和的考验刚刚开始

随着秋冬季临近，面对能源价格飙升和供应缺口扩大，“欧洲如何过冬”受到密切关注。欧洲多国近期调整相关能源政策试图应对，而对碳中和目标的质疑声也在加大。

8 月 19 日，俄罗斯天然气工业股份公司称，“北溪 -1”天然气管道 8 月 31 日起将停气 3 天进行技术检修维护。这个消息加剧了对欧洲天然气供应不足的担忧，在欧洲天然气和电力市场引发恐慌性购买，欧元区电力市场价格随之出现大幅波动。8 月 24 日，被视为欧洲天然气价格风向标的荷兰所有权转让中心（TTF）天然气期货价格突破 300 欧元 / 兆瓦时，已是去年同期价格的 10 倍以上。此外，欧洲电力系统均价，德国、法国电价均出现大幅上涨。

能源危机带来的经济压力正在蔓延至欧洲各国。8 月 26 日，德国市场研究机构捷孚凯报告显示，9 月德国消费者信心先行指数连续第 3 个月创下新低，为−36.5 点，环比下降 5.6 点。有分析认为，由于担忧今后几个月能源支出可能大幅上升，许多家庭采取预防措施，削减了其他方面的支出。8 月 26 日，英国能源市场监管机构天然气和电力市场办公室称，如果政府不采取行动，那么今年 10 月起，英国户均能源账单将升至一年 4188 英镑。英格兰银行日前警告，英国经济可能陷入长期衰退。德国央行 8 月 22 日发布报告称，德国经济因能源危机在今年冬季出现萎缩的可能性上升，预计秋季德国通胀率将达到10%左右。

在能源供应不足的重压面前，德国、奥地利、荷兰、法国等欧洲国家近几个月来纷纷宣布重启燃煤发电或推迟退煤进程。如荷兰6月底表示，计划取消燃煤能源生产上限，允许燃煤发电厂满负荷运转到2024年；德国7月初放弃了到2035年电网中“接近100%可再生能源”的目标，并表示能源行业的碳中和目标要在燃煤发电淘汰后实现；英国国家电网则决定延长两座发电厂的4台燃煤发电机组的使用寿命。

欧洲多国调整能源政策的副作用也很明显，对碳中和目标的质疑声音逐渐变大。8月22日，丹麦首都哥本哈根市宣布眼下放弃2025年前实现碳中和目标。哥本哈根放弃的理由是一家环保企业不符合政府碳捕捉方面的资助标准，这本是个技术性原因。然而，由于哥本哈根多年来以“环保先锋”的形象示人，在欧洲能源危机的大背景下，此举放大了对欧洲碳中和目标的质疑。有观点认为，欧洲各国追求“绿色能源”太激进，在需求变化不大的情况下，人为削减能源供应的做法推高了能源和大宗原材料的价格，而碳积分价格的上涨同样助推了能源价格，因此欧洲碳中和目标过于超前并不合理。

其实，早在2021年冬季，欧洲能源价格就曾因“脱碳”政策影响抬升，导致当地民众生活成本上涨。有分析指出，乌克兰危机发生后，欧洲虽然试图通过能源供应多样化、加大能源投资甚至节能等手段来减少对俄罗斯能源的依赖，加快向绿色能源转型，但这不可能一蹴而就，欧洲对化石能源的依赖并非朝夕可变。面对持续的能源危机，欧洲至今仍然拿不出切实可行、能够解决燃眉之急的办法，对欧洲碳中和目标的考验恐怕才刚刚开始。

（刊发于2022年8月30日国际版）

俄欧“斗气”或放大欧洲债务风险

几乎在一夜之间，俄罗斯对欧洲天然气供应出现戏剧性变化，“北溪 –1”天然气管道从技术检修维护变成无限期关闭。受此影响，欧洲能源价格或持续走高，在欧元区通胀率屡创新高的背景下，欧洲加快收缩货币政策的可能性随之增加，这势必进一步放大欧洲债务违约风险。

9 月 2 日，美国财政部长耶伦发表声明称，七国集团财长已就对俄罗斯石油价格实施限制达成协议，“期待在未来几周内最终确定价格上限的具体实施方案”。当天，俄罗斯天然气工业股份公司宣布，由于多处设备发生漏油现象，原本因技术检修维护在 8 月 31 日至 9 月 3 日暂停供气的“北溪 –1”天然气管道将完全停止输气，直至故障排除。此前美方已释放对俄石油限价消息，分管能源工作的俄罗斯副总理诺瓦克 9 月 1 日就表示，此举会威胁到整个石油天然气市场，“可能导致全球能源安全灾难”。

乌克兰危机发生至今，伴随着美西方与俄罗斯之间你来我往的制裁与反制裁，欧洲能源价格一路飙升。“北溪 –1”天然气管道检修的消息宣布后，欧洲相关能源价格出现大幅震荡，荷兰所有权转让中心（TTF）天然气期货价格数次突破 300 欧元 / 兆瓦时，欧洲电价迅速翻倍，德国与法国明年交付的电力价格分别在 8 月 29 日与 8

月 26 日冲破 1000 欧元 / 兆瓦时。有分析指出，“北溪 -1”天然气管道是俄罗斯向德国输送天然气的最大单一管道，俄天然气经该管道输达德国后，再从德国转运至欧洲各处。2021 年，“北溪 -1”天然气管道输送量接近 600 亿立方米，约占欧盟进口俄天然气总量 40%。“北溪 -1”天然气管道关闭后，本就面临“气荒”的欧洲各国前景堪忧，天然气价格或持续走高，推高通胀，拖累欧洲经济。

面对俄方“断气”举措，欧洲不断释放消息试图淡化影响。9 月 2 日，德国经济和气候保护部发表声明称，德国天然气供应有保障。德国天然气存储设施储备量已达 84.3%，10 月份存储量达到 85% 的目标预计可以在 9 月初实现。而在 9 月 9 日，欧盟将召开能源部长特别会议，讨论干预能源市场，实施价格上限的具体方案。分析认为，虽然欧洲声称对天然气供应有所准备，但落实难度不小：一方面，欧洲的美国盟友不断将一船船涨了数倍甚至十多倍的天然气运过来，而欧洲各大海港短时间内缺乏足够的油气转运储存设施；另一方面，更让欧洲头疼的是能源价格持续推升通胀带来加息压力，而收紧货币政策会导致欧洲债务违约风险增加、经济断崖式下行，欧洲正越来越难摆脱两难境地。

8 月 31 日，欧盟统计局初步统计数据显示，欧元区能源和食品价格持续飙升，8 月份通胀率按年率计算达 9.1%，再创历史新高。其中，能源价格同比上涨 38.8%，是欧元区 8 月份通胀的最大推动因素。超预期的通胀数据迅速提升了欧洲央行在 9 月份会议的加息预期。目前，外界普遍预期欧洲央行在此次会议上会继续加息至少 50 个基点，甚至 75 个基点。德国央行行长约阿希姆 · 纳格尔称，欧洲央行应当计划在 9 月份的会议上进行大幅度加息，否则，通胀预期可能会持续位于 2% 的目标水平之上。

欧洲国家能否承受大幅度的快速加息呢？加息带来的融资成本上升会导致一些成员国债券收益率利差扩大，给债务水平高、经济增长慢的欧洲国家带来不小麻烦。为了平息投资者对欧债危机再次爆发的恐惧，欧洲央行在7月21日加息同时推出名为“TPI”（Transmission Protection Instrument，传导保护机制）的反金融碎片化工具，以确保当某一欧元区国家国债收益率风险溢价大幅上升时，欧洲央行可以利用此工具购买该国债券，防止融资成本飙升引发债务危机。不过，这项工具的实际效用仍待验证，似乎也并未遏制投资者的担忧。今年7月份欧洲央行启动加息之后，欧洲债券市场在8月份遭遇大幅抛售。8月份，德国基准10年期国债收益率上升逾0.7个百分点，至1.54%，为1990年以来最大单月涨幅。法国、意大利等国10年期国债收益率在8月份也出现不同程度的大幅攀升。

如今，随着“北溪-1”天然气管道无限期关闭，欧洲能源危机正在进一步发酵。如果形势继续恶化，将抬升欧洲能源成本、对欧元区整体产出带来实质性损害。欧洲持续多年的超低利率为欧洲摆脱债务危机提供了有利条件，但也导致欧洲一些国家债务水平持续处于高位。“天下没有免费的午餐”。一旦欧元区利率持续快速攀升，欧洲高负债国家将迎来严峻考验。

（刊发于2022年9月6日国际版）

欧美央行为经济衰退“打预防针”

上周，欧洲央行年内再度宣布加息，美联储声称坚决降低通胀。欧美央行频频动作，展示遏制高通胀决心，同时又不断释放有关经济衰退的口风，意在给市场“打预防针”。

9月8日，欧洲中央银行在货币政策会议后宣布，从9月14日起，将欧元区主要再融资利率、边际借贷利率和存款机制利率分别上调75个基点至1.25%、1.50%和0.75%。这是欧洲央行年内第二次加息，幅度之大为欧洲央行成立20多年来所罕见。欧洲央行在声明中大幅上调通胀预期，并预计“经济将在今年晚些时候和2023年一季度陷入停滞”。欧洲央行行长拉加德称，未来将继续加息，“加息次数可能多于两次且小于五次”，这与她去年年底时“2022年加息可能性很小”的表态已是相去甚远。

有分析指出，今年上半年，欧元区经济较去年有所反弹，但近期受到多个不利因素影响，下半年欧元区增速或大幅放缓。一是高通胀对欧洲经济的抑制愈发明显，近期“北溪-1”天然气管道无限期关闭更让欧洲通胀形势雪上加霜；二是全球需求疲软，加之美国加快收缩货币政策，欧洲经济面临的外部贸易金融环境愈发不利；三是疫情持续反复对经济的伤害从未消退；四是地缘政治形势让企业和消费者信心急剧下滑。如今欧洲央行释放经济可能“停滞”、还将继续加息等信号，虽然并未明言衰退，但多少有些未雨绸缪又无可奈何的意味。

相比之下，美联储在遏制通胀上的表态比欧洲更高调。9 月 7 日，美联储副主席布雷纳德对外承诺打压高通胀，称美联储必须继续加息，“政策利率还需要进一步上升”。9 月 8 日，美联储主席鲍威尔延续其不久前在杰克逊霍尔年会上的鹰派立场，在卡托研究所举办的货币政策会议上表示，要在通胀问题上采取果断有力的行动，以避免通胀的社会成本。美联储坚决致力于降低通胀，“历史告诫我们不要过早地放松政策”。美联储负责人在 9 月议息会议前如此誓言全力遏通胀，不仅期望能扭转外界关于美联储一年多来行动不力的形象，同时也传递出美国愿为此付出更高经济成本的信号。这正如鲍威尔在 8 日发言中提及，希望有一段经济增长速度低于趋势的时期。

当前，美国经济增长前景正变得更加黯淡。9 月 7 日，美联储发布全国经济形势调查报告（“褐皮书”）称，美国经济增长前景总体仍然疲软，高物价和紧张的劳动力市场可能导致未来 6 至 12 个月需求进一步走弱。随着货币政策持续收紧，利率上升压力正向美国重要经济领域传导。9 月 8 日，房地美数据显示，美国 30 年期按揭贷款的平均利率从前一周的 5.66% 上升至 5.89%，已是连续第三周攀升，达到 2008 年国际金融危机以来的最高水平。利率持续攀升遏制购房需求，对美国房地产市场压力不断显现。美国全国房地产经纪人协会（NAR）近日数据显示，美国 7 月成屋销售连续第 6 个月下降，4 个主要地区的销售额均出现环比和同比下降。7 月新屋市场销售加速下跌，库存升至 2008 年地产崩盘时水平。

面对黯淡前景，欧美央行不约而同地选择“打预防针”来调降预期。有分析认为，对欧美等发达经济体而言，由于多年来无节制地举债，经济结构性问题又积累太多，因而经济收缩的时间拖得越久，未来付出的成本只会越高。近期欧美央行的表态和行动蕴含着以“短痛”替代“长痛”的意味。不过，去年欧美央行在通胀苗头刚刚出现时过于犹豫，以致错失遏制通胀“窗口期”，这已让市场对其把握形势的能力产生怀疑。如今又在向快速收缩的另一个极端摆动，一旦政策失当引发大规模经济衰退，怕是难逃“不审势即宽严皆误”的评价。

（刊发于 2022 年 9 月 13 日国际版）

高通胀对欧美消费需求抑制加大

这段时间，欧美等发达经济体货币政策持续收紧，对加息幅度的预期也在提升。上周多项数据表明，欧美面对的高通胀压力并未因加息明显缓解，而通胀对消费需求的抑制正在逐渐加大。

数据显示，德国8月份居民消费价格指数（CPI）同比上涨7.9%，在经历了两个月的短暂回调之后再度触碰历史高位；瑞典8月份通货膨胀率达9%，再次刷新1991年12月以来最高纪录；英国8月份CPI同比上涨9.9%，涨幅较上月小幅回落，但仍处于40年来较高水平。

有分析指出，受乌克兰危机持续影响，不断攀升的能源和食品价格成为当下欧洲高通胀的主因。通胀居高不下使欧洲民众生活成本快速上升，实际购买力下降，进而遏制了消费需求。以英国为例，今年4月至7月，英国通胀水平不断创下40年来新高，7月份CPI涨幅更是在七国集团国家中率先突破两位数，达到10.1%。物价飙升和能源成本高企让英国消费者难以消化，除了减少消费别无他法。9月16日，英国国家统计局数据显示，8月份英国零售销售额环比下跌1.6%，同比下降5.4%，这是该数据自2021年12月以来的最大跌幅。包括食品、非食品、燃油在内的所有主要行业的零售销售额，均在8月份出现下跌。通胀压力下，英国民众对消费的谨慎态度一览无余。而从欧元区情况看，8 月份消费者信心指数终值为 –24.9，较上月略有回升，但依然接近历史低位。

与欧洲相比，美国的情况更加复杂。新冠肺炎疫情暴发后，美国推出超宽松政策试图推升需求拉动复苏，但囿于其国内供给侧问题重重，推升需求的同时供给却跟不上，直至引起通胀失控。因此，与欧洲加息应对输入性通胀不同，美国加息具有主动拉低需求来遏制通胀的考虑。不过，随着利率持续攀升，美国通胀水平在起伏中依旧维持在高位，这使得美国加息对需求的遏制渐渐滑向另一个极端。

美国劳工部数据显示，美国 8 月份 CPI 同比上涨 8.3%，虽较上月的 8.5% 有所下降，但却高于此前市场普遍预期的 8.1%。不仅如此，美国 8 月份扣除能源和食品的核心 CPI 同比增长 6.3%，高于市场预期的 6.1%，也高于前值 5.9%；环比增长 0.6%，高于前值 0.3%。有机构认为，核心 CPI 数据仍在强劲上涨，“这是最令人不安的”。通胀居高不下之际，美国国内消费需求前景不明。9 月 16 日，美国密歇根大学发布 9 月份消费者信心指数为 59.5，不及预期的 60.0。有关报告表明，美国汽车和家电等耐用品的购买状况仍接近历史低点，消费者对其财务前景并未变得更加乐观，大约 42%的消费者仍认为高物价正在侵蚀其生活水平。

当前，美国通胀未见明显转向，加息对需求的抑制逐步加大，这也导致了遏制通胀要付出更多经济代价，甚至引发了对实质性衰退的担忧。9 月 16 日，高盛将美国 2023 年经济增长预期从 1.5%下调至 1.1%，对 2023 年年底和 2024 年年底失业率的预测也分别从 3.8% 和 4% 上调至 4.1% 和 4.2%。调降增长预期的同时，高盛仍称美国衰退程度将是“温和的”，美国当局也试图向市场注入能够实现经济“软着陆”的信心。不过，美国当局既要通过加息降低通胀，又要维系失业率不至于过高，还要确保经济不至于过度收紧而陷入衰退，如此“走钢丝”着实让人提心吊胆。

（刊发于 2022 年 9 月 20 日国际版）

美激进加息究竟能不能遏通胀

上周，美联储再度宣布大幅度加息，释放出美国宁愿冒经济衰退风险也要遏制通胀的信号。不过，美持续激进加息，在掀动全球范围加息潮、放大世界经济衰退风险的同时，能否遏制自身通胀依然存疑。

9 月 21 日，美联储在结束货币政策会议后宣布，将联邦基金利率目标区间上调 75 个基点到 3% 至 3.25%。这是美联储今年第五次加息，也是 6 月份以来连续第三次加息 75 个基点。美联储主席鲍威尔在会后重申了其 8 月下旬宣示的鹰派立场，称为了把高通胀降至目标水平，美国经济将经历一段低于趋势水平的增长时期，劳动力市场也会走软，“这是需要承担的痛苦”。同时，美联储官员对今年年底联邦基金利率的预测中值已由 6 月份预测的 3.4% 大幅升高至 4.4%，对明年年底联邦基金利率的预测中值达 4.6%。

今年以来，美联储持续激进加息并不断释放政策收紧信号，带动世界各国跟进收缩货币政策。此次美联储加息决议在全球范围内掀动新一轮全球央行加息潮。

继美联储之后，9 月 22 日，英国中央银行英格兰银行宣布，将基准利率从 1.75% 上调至 2.25%，这是去年 12 月份以来英国央行第七次加息。此后，瑞士、挪威、南非、卡塔尔、菲律宾、约旦、印度尼西亚等国央行先后宣布提升利率。也有为数不多的例外，如土耳其央行将基准利率从13%下调至12%，而日本央行则坚持将短期利率维持在–0.1%的水平，并通过购买长期国债，使长期利率维持在0左右。

历史上，全球央行以如此规模同步加息应对通胀并不多见。9月15日，世界银行曾发布研究报告称，全球央行今年一直在以过去50年未曾见过的同步程度加息，该趋势可能会持续到明年。有分析认为，要将通胀降至目标水平，各国央行可能需要将利率平均再提高2个百分点。在此情况下，如果叠加金融市场压力，2023年全球GDP增长率将放缓至0.5%，按人均计算则萎缩0.4%。这意味着全球经济增长的急剧放缓，更多国家陷入衰退。

今年以来，美联储持续加息叠加地缘冲突等因素，不断推高美元指数及国际大宗商品价格，令其他国家和地区进口承压，输入性通胀高企，正在全球许多地区引发新一轮货币大幅贬值、通胀率飙升的悲剧。非洲、拉美等广大不发达地区和新兴市场国家本币加速贬值，债务违约风险已经或者即将发生。牛津经济研究院有关人士称，一些新兴市场国家处于经济危机的临界点，“美元如果进一步升值，将是压垮骆驼的最后一根稻草”。

美联储加息打着遏制通胀的“旗号”，然而部分研究和数据表明，美联储的政策对通胀的遏制效果似乎并不如想象中那么大。

新冠肺炎疫情暴发后，美国当局通过超宽松政策人为放大需求，不料却引发美国供给侧的诸多问题，从制造业衰落、基础设施老化、劳动力素质退化乃至社会财富分配不公等矛盾集中爆发，到破坏全球贸易规则导致全球供应链面临重构的冲击；从劳动力供应在补贴和疫情后遗症的双重作用下变得极为短缺，再到挑动乌克兰危机引起全球能源和粮食价格震荡，这些因素叠加构成推升美国通胀的“动力”。不久前公布的美国居民消费价格指数（CPI）颇能说明问题。8 月份美国 CPI 同比增长 8.3%，较 6 月份的 9.1%、7 月份的 8.5% 已有明显回落，但数据公布后一度引起市场恐慌。其中原因，一是通胀数据回落有基数效应，而非实际水平下降；二是剔除波动较大的食品和能源价格后，8 月份核心 CPI 环比上涨 0.6%，涨幅较 7 月份扩大 0.3 个百分点；同比上涨 6.3%，涨幅较 7 月份扩大 0.4 个百分点。

有分析指出，这表明供给端对美联储激进加息举措并不敏感，以此控制通胀的效果不及预期。美国当局试图用货币政策工具去解决供给侧问题，或许这种做法和意图本身就有问题。

（刊发于 2022 年 9 月 27 日国际版）

多机构示警全球经济可能衰退

不到一周时间，多家国际机构连续示警全球经济将陷入衰退。这反映出美国等发达经济体的紧缩政策对全球负面外溢冲击正不断扩大，并在叠加新冠肺炎疫情和乌克兰危机等负面因素之后，不断推升全球经济衰退的可能性。

10月3日，联合国贸易和发展会议发布《2022年贸易和发展报告》称，任何希望通过更高利率来降低价格却不产生经济衰退的想法是“不谨慎的赌博”。该报告认为，过度货币紧缩会导致许多发展中经济体和一些发达经济体进入经济停滞和不稳定时期，发达经济体的货币和财政政策可能让全球经济陷入衰退和长期停滞。

10月5日，世界贸易组织发布报告称，世界经济受到包括美国收紧货币政策在内的多重冲击，全球贸易预计在2022年下半年失去增长动能，2023年增速将大幅下降。该报告将2023年全球货物贸易增速预期下调至1%。

10月6日，国际货币基金组织（IMF）总裁格奥尔基耶娃在IMF和世界银行秋季年会的前瞻讲话中称，全球经济正在经历一场根本性转变。她表示，2021年10月以来IMF已经3次下调全球经济增长预期，即将更新的IMF世界经济展望报告将再次下调2023年经济增长预期。

分析认为，多家重要国际机构不约而同地对世界经济前景发出警告，这种情景并不多见。IMF总裁提及的“根本性转变”，意味着全球经济正从相对可预测变得更加脆弱，不确定性上升，经济震荡加大的情况或将愈加频繁。

多家机构还不同程度地提到美国等发达经济体政策收缩对世界经济带来的冲击，特别是在新兴市场国家和发展中经济体引发危机，“造成比2008年国际金融危机和2020年新冠肺炎疫情冲击更严重的损害”。当前，从广大新兴市场国家和发展中经济体，到部分发达经济体，都不得不在经历了美联储超宽松政策带来的通胀加剧之后，又面临美激进加息引发的资本外流、债务危机等多层面冲击。

刚刚过去的几周，从印尼、墨西哥、印度尼西亚、南非到英国、瑞典、瑞士，各国纷纷大幅加息以稳定经济金融秩序。欧洲央行也不得不释放持续加息信号，以应对欧洲当前面临的欧元弱势、通胀加剧、资本外流等问题。

持续攀升的利率在各国触发债务问题等一系列连锁反应。IMF有关数据显示，超过四分之一的新兴经济体或是债券交易价格暴跌，或是已经发生债务违约，而超过60%的低收入国家正在或即将陷入债务困境。欧洲这边，尽管欧洲央行在美联储政策收紧压力下不断加息，但由于美欧利差仍在扩大，欧元汇率持续承压，而利率攀升更引发欧洲债务危机是否卷土重来的讨论。各国为支持本国货币而采取的干预举措，还导致全球外汇储备大幅下降。有机构统计显示，今年以来全球外汇储备下降约1万亿美元，降幅约7.8%。

形势严峻，但并非没有办法。正如联合国贸发会议秘书长蕾韦卡·格林斯潘所说，“仍有时间将经济从衰退边缘拉回，我们拥有平抑通胀和支持所有弱势群体的工具，这是一个政策选择和政治意愿问题”。

面对自身政策变动给世界经济带来的极端冲击，美国当局却置若罔闻，很少谈及有关外溢影响，更遑论加强与各方政策协调。不仅如此，美国将世界经济政治化、工具化、武器化，利用国际金融货币体系的主导地位肆意制裁的动作从未停止，近期甚至不断加剧。世界最大发达经济体成为世界经济动荡之源，这正是全球经济治理面临的最大挑战。

（刊发于 2022 年 10 月 11 日国际版）

欧洲主权债务风险显著上升

上周公布的多项经济数据指标显示，在通胀水平走高、加息预期增强、政局动荡加剧等多重因素作用下，欧洲主权债务风险显著上升。其中，刚刚就职的意大利新政府如何维持债务可持续性正在成为市场关注的焦点。

受能源价格飙升、美联储激进加息等多重因素驱动，欧洲通胀数据持续攀升。欧盟统计局最新数据显示，欧盟 27 个成员国 9 月平均通货膨胀率达到 10.9%，较 8 月的 10.1% 继续上扬，而修正后的 9 月欧元区消费者物价指数（CPI）年率终值为 9.9%，较 8 月的 9.1% 继续攀升。英国统计局数据显示，英国 9 月 CPI 环比上涨 0.5%，同比增幅回升至 10.1%，高于市场预期，同 7 月数据一样为 40 年新高。

欧洲央行 9 月货币政策会议纪要提及，高能源成本带来的价格压力持续加强，欧元区通胀可能在短期内进一步上升。有分析指出，高通胀对欧洲经济的抑制作用正在加大。10 月，欧元区制造业采购经理指数（PMI）初值降至 46.6，创 2020 年 6 月以来新低，其中多数国家的 PMI 处于收缩区间。

高通胀推升了对欧洲央行加快收紧货币政策预期。欧洲央行在 9 月加息后就曾放风引导市场情绪，欧洲央行行长拉加德称，未来将继续加息，“加息次数可能多于两次且小于五次”。面对近期的高通胀，欧洲央行内部也有观点认为需要激进加息一段时间来控制通胀。

然而，加快收紧货币政策的负面影响显而易见。欧洲如今面对全球需求疲软、疫情持续反复、地缘政治形势震荡等多种不利因素，经济增速不断下滑。这种局面下通过加快收紧货币政策来遏制通胀，或将使欧元区经济衰退加速来临。法国总统马克龙日前警告称，欧元区经济与美国相比并没有过热，不应该以打击需求的方式来控制通胀。

主权债务危机的阴翳正在向欧洲袭来。2 年前，为应对新冠肺炎疫情冲击，欧洲各国纷纷推出大额财政刺激计划拉动经济。这导致欧洲整体的杠杆水平超过 2008 年国际金融危机以及欧洲债务危机时期，处于较高水平。今年以来，由于俄乌冲突导致欧洲能源危机不断加剧，引发了一系列问题。德、法等欧洲多国不得不再度推出大规模经济救助计划。在既有高负债之上，叠加欧洲央行越来越明显的激进加息，使得发生新一轮欧洲债务危机的风险迅速加大。意大利 10 年期国债收益率 6 月中旬曾突破 4% 的“警戒线”水平，近期再度蹿升，一度突破 4.8%，与德国国债收益率之间的息差重新扩大至 2.4% 左右，引发市场对欧洲债务危机的担忧。

意大利的境遇已经折射出相关风险。有分析指出，意大利经济自欧债危机后本就增长乏力，近年来更是饱受新冠肺炎疫情和高通胀的轮番冲击。据不完全统计，意大利政府债务已超过其 GDP 的 150%，9 月 CPI 涨幅高达 8.9%。在这种局面下，意大利新政府仍提出增加财政开支计划，令市场对意政府债务可持续性提出质疑，近期意大利 10 年期国债收益率的蹿升就代表了这种市场情绪。

低增速、高负债的欧洲国家并非只有意大利，希腊、西班牙、葡萄牙乃至法国等情况都不算乐观。为了平息投资者对欧债危机再次爆发的恐惧，欧洲央行曾推出名为“传导保护机制”（TPI）的反金融碎片化工具，以确保当某一欧元区国家国债收益率风险溢价大幅上升时，欧洲央行可以利用此工具购买该国债券，防止融资成本飙升引发债务危机。有分析认为，意大利政府负债过高，将削弱其在国际金融市场中的筹资能力，导致其被排除在欧央行的“传导保护机制”之外。

诸多欧洲国家该如何面对持续收紧的货币政策和不容乐观的经济前景？短期的纾困方案未尝不是应急之举。但是，债务问题是长期累积而成的，特别是欧元区成立后迟迟未能解决货币统一但财政不统一的问题，加上一些国家缺乏深度结构性改革，导致公共债务不断恶化的趋势无法扭转。因此，关键还在于推进有效的结构性改革，压低赤字水平、推动实现可持续的经济增长，在改善公共财政与可持续的经济增长之间形成良性循环。这不仅要求相关欧洲国家在支持政府推进改革问题上形成共识，也需要形成利于改革的外部条件。不过，无论哪一条对眼下的欧洲来讲恐怕都并非易事。

（刊发于 2022 年 10 月 26 日国际版）

后　记

“国际经济观察”专栏是在庆东社长和报社编委会的悉心指导和全力支持下设立的，既体现出社长和报社编委会对国际评论工作的高度重视，也是“评论立报”思想的重要体现。从2020年9月4日刊出第一篇专栏文章始，到2022年10月26日，共刊出100篇。

“国际经济观察”专栏设立两年多来，经过不断探索、提升，形成了稳定和有效率的刊出机制。专栏设在国际版，选题策划紧紧嵌入国际部整体报道通盘考虑中。为此，每天需要密切关注国际热点话题，与部门领导同事商讨有关选题，尤其注意报社不同时期报道方针的具体要求，以及专栏和部门选题之间互动，加强沟通形成合力。专栏成为国际部整体报道的有机组成部分，丰富了报道形式，增加了报道层次感。

国际经济问题覆盖面广，要想让专栏办出特色，扩大影响，抓主要矛盾是个比较好的切入点。专栏着眼于“唱响中国经济光明论、发展论、贡献论，建设国际经济领域新闻报道和舆论引导阵地，努力成为‘中国观察世界经济的重要窗口’”。

专栏文章追求“人无我有，人有我新”。选题准备则力求“详于志常，略于志异”，注重发掘国际经济运行中规律性的东西。文字力求不“打官腔”，不抄文件，不用晦涩的概念和拗口句子，也不用夸张的语句词藻一味迎合。

专栏虽然更多表现个性化的风格和内容，但其根本是要体现报社的编辑方针。报社也正是通过这一批专栏的设立，吸引着越来越多的同志参与到评论写作中来，吸引着报社越来越多的同志以更大的热情投入到业务水平的提升上。希望两年多的专栏写作能探探路，不负报社的支持和培育。

专栏写作是一份荣誉，也是一件磨砺人、费工夫的长久之事。“不积跬步无以至千里”，我将坚持不懈地做下去、写下去，假以时日当能迈上新的台阶，为扩大经济日报的影响力贡献绵薄之力。

连俊

2022 年 11 月

图书在版编目（CIP）数据

国际经济观察／连俊著．-- 北京：经济日报出版社，2022.12

ISBN 978－7－5196－1210－8

Ⅰ．①国… Ⅱ．①连… Ⅲ．①国际经济－文集 Ⅳ．①F113－53

中国版本图书馆 CIP 数据核字（2022）第 196565 号

国际经济观察

作　　者	连　俊
责任编辑	陈礼滟
助理编辑	姜　楠
责任校对	贾瑞雪
出版发行	经济日报出版社
地　　址	北京市西城区白纸坊东街 2 号 A 座综合楼 710（邮政编码：100054）
电　　话	010－63567684（总编室）
	010－63584556（财经编辑部）
	010－63567687（企业与企业家史编辑部）
	010－63567683（经济与管理学术编辑部）
	010－63538621　63567692（发行部）
网　　址	www.edpbook.com.cn
E－mail	edpbook@126.com
经　　销	全国新华书店
印　　刷	北京中科印刷有限公司
开　　本	710 毫米×1000 毫米　1/16
印　　张	17
字　　数	204 千字
版　　次	2022 年 12 月第 1 版
印　　次	2022 年 12 月第 1 次印刷
书　　号	ISBN 978－7－5196－1210－8
定　　价	58.00 元

版权所有　盗版必究　印装有误　负责调换